O CÓDIGO SECRETO DO VENDEDOR

IAN MILLS, MARK RIDLEY, BEN LAKER E ADAM PACIFICO

GREAT PEOPLE
Books

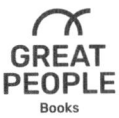

O SEGREDO POR TRÁS DOS VENDEDORES DE SUCESSO

O CÓDIGO SECRETO DO VENDEDOR

SUMÁRIO

PRÓLOGO 1
07

PRÓLOGO 2
09

CAPÍTULO UM
Descobrindo o
código secreto do vendedor
13

CAPÍTULO DOIS
Realização
55

CAPÍTULO TRÊS
Controle
85

CAPÍTULO QUATRO
Resiliência
115

CAPÍTULO CINCO
Influência
149

CAPÍTULO SEIS
Comunicação
183

CAPÍTULO SETE
Revelando seu código
215

CAPÍTULO OITO
O código secreto:
lições sobre gestão
e liderança
227

APÊNDICE A
Alinhamento às seis atitudes
245

OS DESVENDADORES DO CÓDIGO
255

BIBLIOGRAFIA
261

PRÓLOGO 1

Estamos entrando em um período de mudanças e incertezas na política, na cultura e nos negócios. Nesse clima, as empresas cada vez mais esperam que seus vendedores façam a diferença. Mas o ato de vender não se aplica só ao contexto dos negócios. Todos nós vendemos, todos os dias. Por todas as nações e culturas, indústrias e faixas etárias, vender é persuasão. Em *O código secreto do vendedor*, os pesquisadores priorizam dados concretos e fatos em detrimento das imprecisões e descrições vagas que normalmente cercam o assunto. Alguns dos vendedores mais bem-sucedidos do mundo descrevem a mentalidade que lhes permitiu continuar vendendo em diversos países, em diferentes indústrias, em tempos bons e ruins. Talvez esta seja a primeira vez que a vida interior do vendedor recebe tanta atenção quanto a exterior, revelando as crenças e os sistemas de pensamento que, juntos, formam o tipo de pessoa que supera a concorrência repetidamente. Desde aprender o que uma granja pode ensinar sobre linguagem corporal a descobrir a conexão entre musculação e fadiga nas vendas, há algo a ser extraído em cada leitura. As percepções encontradas neste livro, e a habilidade e persuasão com que ele é escrito, fazem de *O código secreto do vendedor* não apenas mais uma obra sobre o tema, mas uma leitura essencial. Se o que você quer é fechar mais vendas – na vida ou nos negócios –, este é o livro que vai ajudá-lo a alcançar seu objetivo.

Luke Johnson

Presidente da Risk Capital Partners LLP e ex-presidente do Channel 4 Television, Luke Johnson escreve uma coluna semanal para o *The Sunday Times* e é coproprietário da Patisserie Holdings e da Bread Ltd. (a empresa por trás da rede Gail's Artisan Bakery). Ele também é presidente e principal acionista da Neilson Active Holidays, além de fazer parte do conselho da empresa de artigos esportivos Zoggs, da Brompton Bicycles e dos restaurantes Gaucho. É acionista majoritário e diretor do Elegant Hotels Group PLC, a maior rede hoteleira de Barbados.

PROLOGU

PRÓLOGO 2

Quase todas as funções essenciais de uma empresa apresentam padrões de conformidade. Para trabalhar em finanças, engenharia, direito, manufatura ou distribuição, os colaboradores devem estudar textos prescritos, passar em exames, ser credenciados e, em seguida, manter uma certificação contínua. Até certo ponto, o mesmo ocorre com profissionais de marketing e atendimento ao cliente.

Essas qualificações foram úteis após a crise financeira de 2008, quando líderes procuraram bons conselhos de suas equipes para cortar custos e preservar o lucro. Com os cortes já feitos, não há mais muita gordura para remover na linha de custos. Agora, o lucro precisa ser gerado aumentando a receita. Isso torna o processo de vendas absolutamente essencial para o sucesso da empresa. Mais do que nunca, o departamento de vendas está no centro da atenção executiva.

No entanto, ao examinar mais de perto, percebe-se que vender não é uma profissão de fato. Ainda não. Não há textos prescritos ou exames, nem qualificações oficiais ou certificações contínuas. É uma carreira com uma barreira de entrada baixa, que permanece em grande parte não regulamentada, em uma era repleta de padrões de conformidade para quase tudo.

Cedo ou tarde, os diversos órgãos de regulamentação e auditores estarão em busca de textos fundamentais para ajudá-los a desvendar o processo de vendas e estabelecer estruturas. Eles terão o desejo de transformar vendas em uma ciência mais previsível e repetível, a fim de reduzir a volatilidade das previsões de receita e das revisões do pipeline.

O código secreto do vendedor está destinado a ajudar.

O livro é baseado em uma pesquisa real com profissionais icônicos que venderam mais, tiveram desempenho melhor e ultrapassaram seus concorrentes durante a maior parte de suas carreiras, tanto em tempos de prosperidade quanto de crise, em todas as estações. Suas percepções são valiosas.

Os pesquisadores foram rigorosos em sua abordagem, reunindo dados de uma ampla gama de vendedores de diversos setores, culturas e geografias. A variedade, profundidade da investigação e a qualidade da interpretação fazem deste livro uma adição bem-vinda a qualquer biblioteca de vendas.

Talvez a contribuição mais significativa destas páginas seja a revelação, pela primeira vez, das cinco crenças compartilhadas por todos os melhores vendedores do mundo. Em um setor repleto de softwares, *templates*, metodologias e palavras da moda, os sistemas de crenças internas dos profissionais de alto desempenho raramente foram explorados e são muito bem-vindos.

A obra mostra que alcançar a excelência é uma escolha pessoal, e que mudanças duradouras têm maior sucesso quando acontecem de dentro para fora, em vez de serem impostas de fora para dentro. Assim, ela se torna uma referência à qual você pode retornar várias vezes e descobrir algo novo a cada releitura. Quando você revisitar o conteúdo e se sentir como se o lesse pela primeira vez, não será porque a natureza do livro mudou, mas porque sua capacidade de perceber suas preciosidades cresceu a cada nova experiência.

Nicholas A. C. Read

Autor de *Selling to the C Suite*, Nic Read é pesquisador e autor best-seller de livros sobre vendas. Foi diretor executivo da área de consultoria em crescimento de receita da Ernst & Young, após uma carreira em vendas e gestão. Seus métodos foram implementados em mais de quarenta países, ajudando clientes a ganhar bilhões de dólares além das expectativas.

CAPÍTULO UM

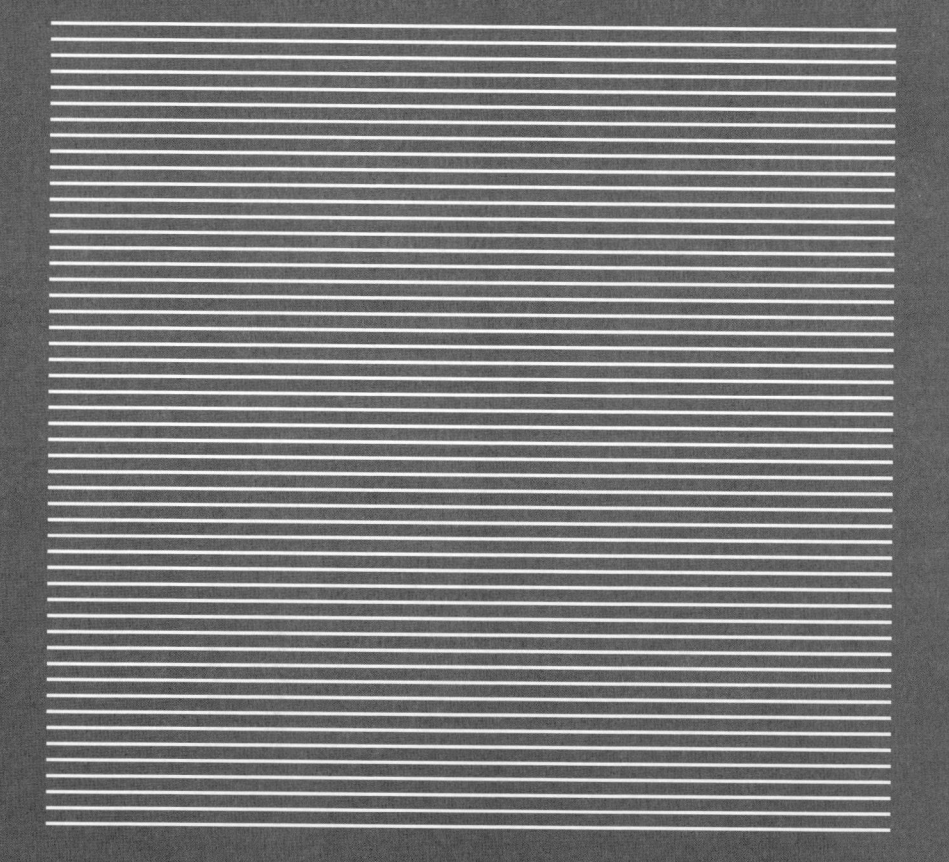

DESCOBRINDO O CÓDIGO SECRETO DO VENDEDOR

Em 2013, nós (os pesquisadores Mark Ridley e Ian Mills) fomos contratados para melhorar os resultados de vendas de uma empresa global de telecomunicações. Foi lá que conhecemos Tim Chapman, responsável pelo desenvolvimento e pela execução de um programa de excelência para 750 gerentes de vendas e de contas na América do Norte, na Europa, no Oriente Médio e na África, além de Ásia-Pacífico. Tanto ele quanto sua empresa queriam saber se bons vendedores nascem com essa habilidade ou são formados, e o que motiva o alto desempenho.

Após avaliar a equipe, realizar visitas conjuntas a clientes e entrevistar líderes dentro da empresa, começamos a nos perguntar como as tendências descobertas se comparavam àquelas da profissão de vendas em geral.

Recorremos ao Dr. Ben Laker, um acadêmico anteriormente da Kingston Business School, para construir um estudo acadêmico mais amplo, capaz de fornecer evidências empíricas intersetoriais para responder a essa questão. Convidamos várias organizações de setores primário, secundário e terciário – muitas delas, com presença global – para se tornarem parceiras da pesquisa.

Cada organização foi solicitada a indicar uma amostra diversificada de dez vendedores. Isso gerou uma lista com cerca de 50 mil respondentes, mas, em vez de perguntar aos chefes quem apresentava os melhores ou piores desempenhos, fizemos nossa análise de forma independente, levando em consideração múltiplos fatores (não apenas a contribuição de receita) para eliminar vieses e aumentar a confiabilidade. Em nossa avaliação, calculamos uma mediana e classificamos as pessoas acima ou abaixo desse marco. Isso criou dois grupos baseados no desempenho. Em seguida, selecionamos os quinhentos respondentes com maior desempenho do Grupo 1 e os quinhentos com menor desempenho do Grupo 2. Isso forneceu um grupo de mil respondentes para observarmos de perto. Vale a pena mencionar, neste ponto, que, quando nos referimos a "alto" e "baixo" desempenho, estamos falando em termos relativos. Não significa que todos os de baixo desempenho sejam vendedores ruins. Eles podem estar cumprindo as metas em suas respectivas organizações. O que sabemos, no entanto, é que, em comparação com outros em nosso grupo, por um motivo ou outro, não têm o mesmo nível de eficácia.

Os grupos foram questionados sobre o que realmente os motiva a escolher e permanecer em uma carreira de vendas, em que trabalham longas horas, enfrentam a pressão constante de avaliações com base em métricas de vendas, lidam com rejeição e política, e passam tanto tempo longe de casa. Existe um estereótipo antigo que diz que todos os vendedores são motivados por dinheiro. Isso se mostrou verdade até certo ponto, mas não é o maior motivador, e sim apenas um dos fatores em um conjunto multidimensional de impulsionadores. Depois, foi feita uma avaliação de cada vendedor pelos nossos psicometristas da Transform Performance (profissionais especializados no estudo de medições educacionais ou psicológicas) para explorar sua motivação em um nível mais profundo. Você pode ler mais sobre essa avaliação no Apêndice A – Alinhamento com 6 atitudes.

Nosso trabalho em 2013 levantou mais perguntas sobre a mentalidade dos vendedores de sucesso do que forneceu respostas. Concluímos que tínhamos algumas ideias, mas não encontramos padrões identificáveis; nada que nos fizesse pensar que existia algum tipo de "sistema operacional" que os vendedores mais bem-sucedidos utilizassem e que pudesse servir de exemplo para os demais. Claro, talvez estivéssemos procurando o pote de ouro no final do arco-íris. Talvez buscássemos algo que simplesmente não existisse; mas nossos instintos nos diziam o contrário.

Em 2015, a equipe de pesquisa decidiu investigar mais a fundo. Cada um dos mil vendedores foi entrevistado por noventa minutos sobre o que os motivava, desmotivava, suas ambições e atitudes em relação à venda. As questões tinham um formato semiestruturado. Com isso, queremos dizer que fazíamos perguntas abertas iniciais, permitindo que o entrevistado respondesse da maneira que preferisse. Nossos entrevistadores, então, usavam uma técnica conhecida como "clean questioning" para explorar em profundidade como cada vendedor interpretava o próprio mundo de vendas e como usava suas experiências para criar uma estrutura para o próprio sucesso. Todas as respostas foram gravadas e transcritas. As transcrições resultantes foram analisadas com softwares de análise de dados e linguagem, por meio dos quais palavras-chave e ideias com frequência repetidas foram isoladas.

Agora as coisas estavam ficando interessantes. Este último exercício revelou cinco crenças centrais, ou fundamentais, compartilhadas por todos os vendedores que entrevistamos. Após alguma consideração, decidimos chamar essas cinco crenças de *Crenças de Destino*, porque muitos dos entrevistados viam a vida profissional (e pessoal) como uma jornada em constante expansão. Embora reconhecessem a importância das crenças em moldar as mentalidades e os comportamentos deles, repetidamente enfatizaram que essas crenças centrais eram aspiracionais, sempre evoluindo, e com certeza não eram finitas. Concluímos que as Crenças de Destino incorporam uma única verdade abrangente: que as crenças são questões de "fé" pessoal e se flexionam e mudam conforme as experiências de vida.

As cinco Crenças de Destino foram nomeadas e exploradas em entrevistas adicionais (veja a Figura 1), nas quais incluímos dez dos vendedores mais bem-sucedidos do mundo, que chamamos de "Os Icônicos". Você pode aprender mais sobre eles ao final deste capítulo.

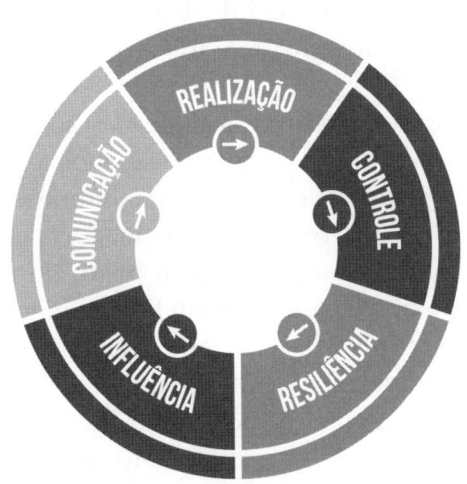

FIGURA 1

Interconexão das cinco Crenças de Destino que
sustentam o Código Secreto do Vendedor

A percepção mais empolgante de nossa pesquisa foi que todos os vendedores, sem exceção, mencionaram a maioria das cinco Crenças de Destino durante nossas entrevistas. Todos podiam relatar histórias detalhadas sobre ocorrências quase diárias em que a crença gerava uma motivação, que levava a um comportamento, e que, por sua vez, alcançava um resultado. Pense nisso por um momento. Desde aqueles com os melhores desempenhos até os de desempenho inferior, houve reconhecimento do que os deixava realizados, por exemplo, ou do que ser resiliente significava para eles. Mas isso não era tudo. Ficou claro que as Crenças de Destino são componentes necessários do sistema de crenças de um vendedor, mas o que de fato separava aqueles de melhor desempenho dos de desempenho inferior era como essas crenças eram interpretadas e sintetizadas internamente. Simplificando, em relação a cada Crença de Destino, nossos entrevistados descreveram uma ampla variedade de atitudes. Estas foram as dez subcrenças. Vamos explorar a natureza precisa do espectro de subcrenças, mas o mais interessante é que muitos entrevistados experimentam e até lutam com subcrenças de ambos os extremos, ou de ambos os lados, do espectro. O que aprendemos é que os vendedores mais bem-sucedidos respondem a certas subcrenças com *maior intensidade* do que a outras. E é a resposta deles à intensidade da subcrença que os motiva a se comportarem de determinada maneira. Por essa razão, chamamos as subcrenças de *Motivadores de Jornada*. Os Motivadores de Jornada nos direcionam por um caminho específico; eles demonstram como respondemos ao que nos acontece na jornada. Eles definem nossa atitude – e, quando usamos a palavra "atitude" aqui, não queremos dizer uma boa ou má atitude (apesar de que, se a carapuça servir...). Nos referimos à definição original do dicionário, em que se assume uma perspectiva, ponto de vista, posição ou abordagem. Como diz o especialista em liderança John Maxwell, sua atitude é "a bibliotecária do seu passado, a porta-voz do seu presente e a profetisa do seu futuro". Os Motivadores de Jornada dispõem à nossa frente o caminho que vamos trilhar. E, embora muito possa ter sido dito e escrito sobre ter o "tipo certo de atitude", agora, pela primeira vez, podemos medi-la em uma população específica. Aqui, enfim, está uma cadeia causal, uma fórmula para o sucesso – o código secreto do vendedor.

As implicações para os líderes de vendas são enormes. A pergunta-padrão de entrevista que gera a resposta esperada sobre "trabalho duro" levando ao sucesso já não é mais suficiente. Francamente, tais perguntas agora devem ser consideradas preguiçosas. Todos os vendedores reconhecem que o trabalho duro importa; é apenas que alguns respondem ao desafio do trabalho duro de maneira diferente por causa da forma como respondem à intensidade dos Motivadores de Jornada que possuem.

Como eles se manifestaram? Em resumo, os vendedores de melhor desempenho acreditam em se dar permissão para serem melhores do que jamais imaginaram ser possível. Por outro lado, os de desempenho inferior acreditam que o sucesso vem de evitar o fracasso. Os primeiros responsabilizam-se pelo próprio sucesso; os segundos tendem a atribuir a falta de sucesso a fatores que consideram estar fora de seu controle. Aqueles no grupo de maior desempenho buscam maneiras de trabalhar de forma mais inteligente diante de tempos difíceis; os de desempenho inferior falam em trabalhar mais duro. Os de alto desempenho sabem que ter influência vem ao demonstrar flexibilidade, e não pela força bruta associada a posição ou poder. E, por fim, os vendedores de alto desempenho consideram a comunicação um diálogo em constante aprofundamento, enquanto os de desempenho inferior tendem a ver a comunicação de forma mais transacional e centrada na transmissão de informações.

Com esse insight, ao recrutar no futuro, os líderes de vendas estarão muito mais bem equipados para investigar as motivações e crenças mais profundas que impulsionam os melhores dos melhores.

Vamos explorar as cinco Crenças de Destino. Depois disso, cada uma delas será abordada em um capítulo dedicado, no qual também será analisada a intensidade relativa dos Motivadores de Jornada para revelar o equilíbrio ideal nos melhores desempenhos: o código secreto do vendedor.

Realização é o primeiro componente. É um estado de satisfação que vem de saber que você conseguiu ou está no caminho certo para melhorar o desempenho, indo de bom a melhor e, depois, a melhor possível. Os vendedores de alto desempenho estão constantemente se avaliando em relação a uma meta de progresso pessoal para que sejam o mais profissionais e produtivos que puderem. Eles sabem que o nível de engajamento de um cliente em potencial com eles reflete seu estilo pessoal de comunicação (falaremos mais sobre isso depois), sua credibilidade e sua capacidade de persuasão.

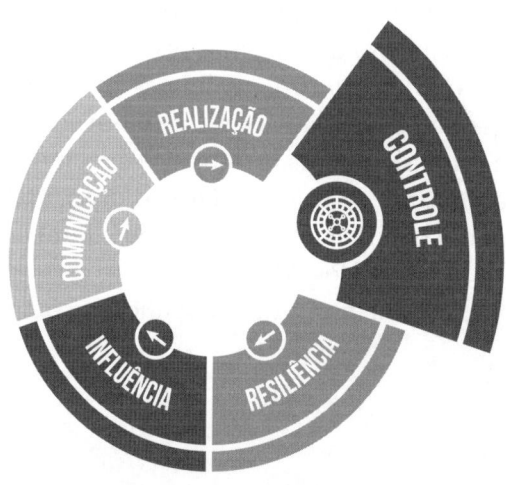

Os vendedores de alto desempenho entendem o conceito de **controle**, o segundo elemento. Eles acreditam em ter um plano e avaliam regularmente aonde querem chegar, onde estão e qual é a lacuna. Demonstram um senso de responsabilidade pessoal pelo seu sucesso ou fracasso. Quando o fracasso surge (e, sim, ele acontece até com os melhores), não culpam a economia, a empresa ou o departamento de marketing. Eles o aceitam e assumem a responsabilidade, porque, quando você assume um problema, pode fazer algo para mudá-lo. O fracasso é, portanto, visto como um revés temporário no caminho para o sucesso inevitável, no qual cada quilômetro de asfalto, cada buraco, cada ponte, pedágio e desvio são algo que você pode controlar.

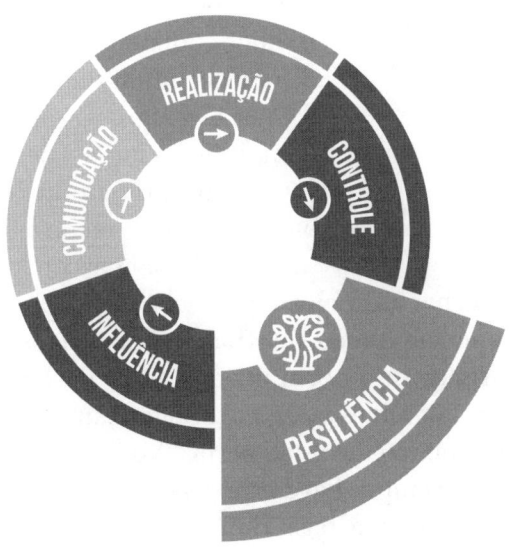

A **resiliência** vem em seguida. Ela está conectada ao controle, pois representa a sua capacidade de se recuperar de contratempos e voltar ao caminho certo. Assim como o controle, a resiliência se revela por meio da ação. Como um músculo que cresce após o exercício ou um pedaço de carvão que ganha valor após ser pressionado, vendedores resilientes enfrentam o que quer que o mundo jogue contra eles, convertem o estresse em energia positiva e se dedicam a moldar o próprio destino. Resiliência significa ser adaptável às mudanças e adotar uma postura de "eu consigo" quando a pressão aumenta para cumprir prazos, avançar na venda, fechar o negócio e atingir a cota. Resiliência é um alicerce fundamental para alcançar influência como vendedor.

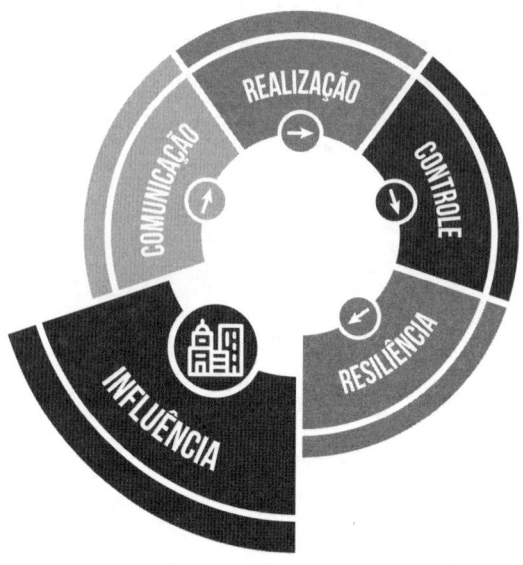

Influência é a quarta peça deste quebra-cabeça. Como profissional de vendas, é você conquistar influência sobre as pessoas na organização do cliente para abrir portas, agendar reuniões, obter o apoio das partes interessadas e fechar negócios. É também influenciar as pessoas da própria empresa para garantir recursos, suporte de vendas ou a precificação necessária para fechar negócios específicos. Você precisa de influência para se conectar à rede interna de informações e ficar a par de mudanças, riscos ou oportunidades antes de que sejam de conhecimento geral. Algumas pessoas caracterizam esse tipo de comportamento como político – e estão certas. Você sempre encontrará política no trabalho. Sempre haverá pessoas tentando se destacar, ganhar aliados, construir uma base de poder ou exercer influência sobre o ambiente de trabalho. Navegar por isso exige um esforço extra, o que torna a resiliência uma base vital. A influência é conquistada com networking, conversando com muitas pessoas e usando a sabedoria da multidão a seu favor, para que você nunca seja pego de surpresa. Quando sabe antecipadamente quais mudanças estão por vir, como as pessoas se sentem em relação a elas, o que mais desejam e as opiniões de quais pessoas de fato importam, você pode agir mais rápido e com mais precisão do que os outros. Você constrói um histórico de sucesso. Ganha aliados e amigos nos lugares certos. Isso lhe dá influência. Um elemento essencial para conseguir tudo isso é sua capacidade de comunicação.

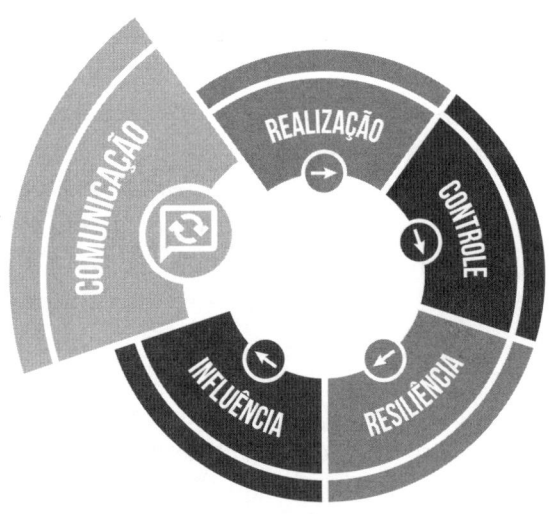

A **comunicação** é a quinta peça do quebra-cabeça. Você nunca deve se comunicar em excesso com seus colegas ou com um cliente. Velocidade e clareza são essenciais. A velocidade é importante porque, hoje, as pessoas ingerem e enviam informações pessoalmente, por telefone, vídeo, e-mail, blogs e tuítes. Se você não consegue dizer algo em duzentos caracteres ou menos, algumas pessoas perdem o interesse. Então, em vez de longas reuniões, cartas ou e-mails a cada poucas semanas, tente ter trocas mais curtas a cada poucos dias. O importante é se manter em evidência. A clareza é fundamental; há tanto ruído competindo pela atenção das pessoas que sua mensagem tem que ser precisa e cortar através dele. Tente pensar em toda comunicação como uma história em três partes: você precisa de uma manchete que chame a atenção, uma razão pela qual aquilo é importante e um chamado para a ação. Isso se aplica tanto ao que você escreve quanto ao que fala. A lição que tiramos da análise das entrevistas foi clara: os de alto desempenho *pensam* em como se comunicam. Eles reconhecem que a comunicação nunca é uma questão de "tamanho único". Em resumo, são flexíveis, como camaleões. E são assim porque acreditam que têm o dever de ajudar os outros a entender, de estimular a formulação de perguntas – em suma, de gerar diálogo.

Antes de seguirmos adiante, vamos abordar a questão de gênero. Descobrimos alguma evidência em nosso estudo de que homens e mulheres têm crenças diferentes ou, ao menos, *intensidades* diferentes dos Motivadores de Jornada? A resposta objetiva é não, não descobrimos. Quando configuramos o projeto e abordamos diversas organizações, pedimos que fornecessem dados sobre os colaboradores com os melhores e os piores desempenhos. Não pedimos que especificassem o número de homens ou mulheres. Talvez tenhamos coletado feedback de indústrias que ainda são dominadas por homens. Talvez tenhamos conversado com certos setores onde predominam as mulheres. Não estávamos focados no gênero para o nosso estudo (embora possamos abordar isso em futuras pesquisas). Nosso objetivo era simplesmente identificar os sistemas de crenças daqueles que já estão no mercado e vendem para ganhar a vida. Não fizemos julgamento sobre quem estava em determinado papel, muito menos sobre seu gênero. Quando analisamos nossos dados, descobrimos que entrevistamos 65% de homens e 35% de mulheres na pesquisa com o "grupo completo". Quando restringimos nosso grupo aos vendedores de melhor desempenho, a análise da divisão por gênero revelou 69% de homens e 31% de mulheres. Excluímos nossos Icônicos super-realizadores dessa estatística, já que deliberadamente equilibramos os gêneros ao fazer a seleção. O fato de que a proporção de homens para mulheres permaneça consistente entre o grupo geral e o de melhor desempenho talvez seja revelador ou apenas coincidência. Não podemos tirar conclusões neste momento, mas é um projeto fascinante para o futuro. É bom acompanhar com atenção!

Então, vamos resumir onde estamos agora:

- Os vendedores passam a vida em uma jornada em direção a objetivos, metas de vendas e alvos de vendas – isso está no seu DNA. Nossa pesquisa concluiu que todos os vendedores têm cinco crenças universais, que chamamos de Crenças de Destino. Elas são realização, controle, resiliência, influência e comunicação.

- Quanto mais realizado e confiante você se torna, mais autoridade projeta, e o *controle* que exerce sobre o seu ambiente é maior.

- Quanto mais controle você tem, mais facilmente evita obstáculos. Porém, mesmo quando não pode evitá-los, você lida com os desafios de uma forma que fortalece seus músculos emocionais, mentais ou espirituais – sua *resiliência*.

- Quanto mais resiliente você é, mais escolhe agir em vez de ser afetado pelas ações de terceiros, e sua *influência* sobre pessoas e eventos aumenta.
- Quanto mais influência você ganha, mais portas se abrem para conectá-lo com outros influenciadores. Você se torna mais informado, descobre oportunidades antes dos outros e aprimora a qualidade de sua *comunicação* com as pessoas.
- Quanto melhor sua comunicação, mais conversas e ideias você explora com as pessoas, e mais oportunidades descobre para perseguir suas metas pessoais de *realização*.
- E quanto mais realizado e confiante você se torna, mais autoridade você projeta... e assim por diante.

As rotas que os vendedores percorrem em direção ao seu destino são diferentes. E é a rota que escolhem que define seu desempenho em vendas. Nossa pesquisa identificou que o que separa os vendedores de melhor desempenho dos de menor é como essas Crenças de Destino são interpretadas e sintetizadas internamente. Em relação a cada Crença de Destino, identificamos um espectro de atitudes. Estes são os Motivadores da Jornada. Há dez Motivadores da Jornada, um em cada extremidade do espectro para cada Crença de Destino. Os 5% de vendedores de maior sucesso foram plotados no espectro dos Motivadores da Jornada para cada Crença de Destino, e é o equilíbrio preciso de motivações para cada uma delas que revela o código secreto do vendedor. Esse código é um *ciclo* autoatualizante e autossustentável de comportamentos e crenças usado por cada um dos Icônicos que compartilharam suas percepções conosco. Gostaríamos de apresentá-los a você.

OS ICÔNICOS

De acordo com o Bureau of Labor Statistics dos Estados Unidos, um em cada nove americanos trabalha com vendas. Todos os dias, mais de 15 milhões de pessoas ganham a vida persuadindo alguém a fazer uma compra. Mas, ao aprofundar um pouco mais, surge uma verdade surpreendente. Sim, um em cada nove americanos trabalha com vendas. Porém, segundo Daniel Pink, os outros oito também. O ex-redator de discursos de Al Gore sugere que, quer sejamos funcionários apresentando uma nova ideia a colegas, empreendedores atraindo investidores ou pais e professores incentivando crianças a estudar, passamos nossos dias tentando convencer os outros. Não se trata mais do velho *ABC das vendas* ("Always Be Closing", que significa que você deve estar sempre prestes a fechar um negócio). Vender não se limita a call centers, lojas ou concessionárias. É algo que todos fazemos todos os dias – quando tentamos convencer nossos filhos a ir para a cama, nós os persuadimos para conseguir o que queremos, da mesma forma que podemos convencer alguém a comprar um pão artesanal. Quer gostemos ou não, todos estamos nas vendas agora, porque vender é ser humano.

Por essa razão, selecionamos dez indivíduos "icônicos" de uma gama de origens, com diferentes experiências e histórias. Eles nos atraíram não apenas porque superaram metas de vendas em suas áreas específicas, mas porque chegamos a eles por meio de outras pessoas que os indicaram como especiais, diferentes, com certo *je ne sais quoi* que ninguém conseguia definir completamente. Em resumo, eles contam com sistemas de crenças que os distinguem como vencedores e se tornaram a personificação do código secreto do vendedor.

Alguns são líderes seniores de vendas, alguns agora são líderes empresariais e outros são vendedores. Alguns estão no final de suas carreiras; outros, em ascensão. O que os une é o fato de todos terem se envolvido no desenvolvimento de negócios em suas múltiplas formas e serem apaixonados pela sua importância. Então, nesse espírito, vamos dar uma olhada mais demorada e pessoal nos nossos Icônicos.

ICÔNICO 1
CHUCK POL
EX-VODAFONE

SOBRE CHUCK POL

Chuck Pol tem mais de trinta anos de experiência na indústria global de telecomunicações, com um histórico consistente de recuperação de negócios em baixo desempenho e de liderar equipes para se dedicarem ao máximo e superarem expectativas durante períodos de turbulência e incerteza.

Ele presidiu o Conselho de Administração da Vodafone nos EUA, foi presidente tanto da Fundação Vodafone quanto das Américas na Vodafone Global Enterprise. Chuck ingressou na Vodafone em 2010, após uma carreira de vinte anos na British Telecom, onde ocupou cargos executivos nas Américas e na Europa, em setores que incluíam mobilidade, atacado e serviços financeiros globais.

Graduado pelo Belmont Abbey College – instituição na qual atualmente atua como diretor não executivo –, é casado e pai de três filhos adultos.

Perguntamos a Chuck: "Como você define um profissional de alto desempenho?". Ele respondeu: "É alguém que está disponível para o cliente – que cumpre suas promessas, escuta de forma eficaz e está sempre preparado, porque faz o dever de casa para saber do que está falando. Esse profissional leva as pessoas certas para qualquer reunião e não finge ser quem não é – embora seja capaz de ajustar seu estilo, ele permanece fiel a si mesmo. E, claro, também faz o acompanhamento necessário, sempre!".

Quando perguntado: "O que você quer que as pessoas aprendam com sua experiência?", ele respondeu: "Esteja preparado para assumir a liderança em momentos bons e ruins e para lidar com a gestão de mudanças. É importante engajar-se com as pessoas e criar confiança entregando o que você promete, tanto aos clientes quanto aos colegas de todos os níveis dentro da própria empresa".

ICÔNICA 2
COLLEEN SCHULLER
GLAXOSMITHKLINE

SOBRE COLLEEN SCHULLER

Após se formar na California Polytechnic University, Colleen Schuller começou sua carreira como executiva de contas na Sebastian International, uma empresa global de cuidados com os cabelos e cosméticos. Subiu ao cargo de gerente de vendas da divisão e alcançou um crescimento recorde antes de aceitar a posição de representante da indústria farmacêutica na GlaxoSmithKline Pharmaceuticals em 2000. Seu histórico excepcional a levou a ser promovida a vice-presidente de vendas para oitocentos profissionais, atendendo aos mercados de terapia cardiovascular, metabólica e urológica dos Estados Unidos. Hoje, como vice-presidente e chefe global de excelência em vendas, Colleen é responsável por definir padrões para a força de vendas global da GSK.

Sua distinção está na habilidade de liderar e motivar pessoas, tanto em equipe quanto individualmente. Ela traz energia e paixão para seu trabalho, além de altas expectativas para as pessoas ao seu redor. Agora vivendo em Londres com o marido John e dois filhos, gosta de viagens internacionais, aventuras ao ar livre e de passar tempo com amigos e familiares.

Perguntamos: "O que você quer que as pessoas aprendam com sua experiência?". Aqui está o que Colleen nos contou: "Avance a fita para cinco anos à frente e pense sobre pelo que você quer ser conhecido. Você está fazendo seu trabalho porque ama o que faz e aproveita ao máximo? Qual é a marca que você quer deixar e, se não puder fazê-lo onde está, tomará uma atitude para encontrar um papel em que possa prosperar? Seja um aprendiz, além de um exemplo para os outros. Não compartilhar, aprender e crescer seria uma grande perda. Seu caráter está realmente brilhando? Quando você é autêntico, sempre será mais bem-sucedido".

"O que é, para você, um profissional de alta performance?", perguntamos. "Você é competitivo", ela respondeu. "Sente orgulho em superar suas metas e aumentar a participação no mercado mais rápido que a concorrência. É focado nos clientes a ponto de eles abrirem as portas para você, enquanto bloqueiam seus concorrentes. Este é um grande indício de que é você quem está agregando mais valor."

ICÔNICA 3
ERICA FEIDNER
STEINWAY

SOBRE ERICA FEIDNER

Em 2011, a revista *Inc.* classificou Erica Feidner uma das dez maiores vendedoras de todos os tempos, uma lista exclusiva que inclui Larry Ellison, David Ogilvy, Dale Carnegie e Zig Ziglar. Erica cresceu em uma casa com trinta pianos, começou a tocar aos 3 anos de idade e, aos 9, já ensinava adultos. Ganhou uma bolsa de estudos para a prestigiosa Juilliard School of Music, em Nova York, e fez sua estreia orquestral solo aos 11 anos. Erica custeou a faculdade para obter o diploma de Bacharel em Belas Artes e se perguntava como poderia comprar o próprio piano de cauda. Um anúncio do concurso Miss América oferecia prêmio em dinheiro, então ela se inscreveu e ganhou uma bolsa de talentos que lhe permitiu comprar seu primeiro Steinway com o prêmio.

Quando um acidente de esqui danificou sua mão, impedindo-a de tocar com o nível profissional rigoroso que ela exigia de si mesma, Erica ofereceu-se para trabalhar no Steinway Hall, combinando clientes com o piano certo. Tornou-se a principal representante da Steinway no mundo durante uma década, período em que quebrou todos os recordes. Sua abordagem inovadora para encontrar o piano perfeito para cada cliente lhe rendeu o título de The Piano Matchmaker™ (Casamenteira de Pianos), e ela foi destaque em uma reportagem na *The New Yorker* feita pelo jornalista vencedor do Prêmio Pulitzer, James B. Stewart. Erica agora administra a própria empresa nesse campo.

Perguntamos: "O que você quer que as pessoas aprendam com sua experiência?". Erica nos disse: "Eu não vendo pianos. Vendo inspiração. Toco a vida das pessoas com a ideia de que existe um piano extraordinário esperando por elas, e que podem encher suas casas de música pelo resto da vida. Então, quero que saiam com um verdadeiro diamante. Quando você foca o que é certo para cada cliente, a dinâmica muda. Você não vende um produto; eles compram uma experiência de você".

Perguntamos a Erica: "Como é um alto desempenho para você?". "Não transforme em uma questão de metas ou necessidades próprias", ela disse. "Trata-se do cliente e das necessidades dele. Se tenho vários pianos que quase se encaixam, mas não são perfeitos, recuso a oportunidade e peço um tempo para encontrar a solução exata. Os clientes ficam sempre encantados. A questão é fazer o certo, toda vez. É integridade. Você constrói uma reputação pessoal, a defende com rigor, e os clientes não querem negociar com ninguém além de você."

ICÔNICO 4
LOUIS JORDAN
EX-DELOITTE E EX-KPMG

SOBRE LOUIS JORDAN

Louis Jordan se aposentou recentemente após dezesseis anos como sócio e vice-presidente da empresa de serviços profissionais Deloitte. Durante esse período, ocupou diversos cargos de gestão sênior e liderou relacionamentos com clientes importantes, tanto no Reino Unido quanto em âmbito global. Supervisionou a implementação de várias iniciativas de mercado inovadoras e foi responsável por desenvolver e liderar alguns dos maiores relacionamentos com clientes da empresa.

Antes disso, foi sócio na KPMG, especializado nos setores bancário e de seguros, sobretudo no Reino Unido, nos Estados Unidos e na Suíça. Enquanto esteve na KPMG, Louis desenvolveu e estruturou a capacidade da empresa no apoio a clientes do setor financeiro por meio de transformações operacionais e integração pós-fusão.

Antes de ingressar no mercado de trabalho, formou-se em Economia e História Moderna pela Manchester University.

Perguntamos: "O que você gostaria que as pessoas aprendessem com a sua experiência?". Sua resposta: "Esteja no negócio junto com seu cliente; busque alinhar seus interesses. Procure um propósito comum, em que a combinação de capacidades conjuntas produza muito mais do que cada uma poderia sozinha. Meça como vocês agregaram valor um ao outro por meio do relacionamento e continuem a construir com base nesses aspectos positivos".

Quando questionado "Como você define um profissional de alto desempenho?", ele respondeu: "Alguém totalmente confiável, que sempre entrega algo conforme a necessidade do cliente. Equilibra intelecto e inteligência emocional, forma relacionamentos comerciais duradouros que transcendem transações individuais e põe a serviço do cliente todo o poder de sua organização".

ICÔNICO 5
DILIP MAILVAGANAM
MICROSOFT

SOBRE DILIP MAILVAGANAM

Dilip Mailvaganam estudou Ciência da Computação na Reading University, na Inglaterra, e começou sua carreira como desenvolvedor de software e instrutor em uma startup em Oxfordshire. Trabalhou em treinamentos, consultoria, vendas e gestão, que serviram de prelúdio para o cargo de gerente geral de uma empresa de serviços offshore no Reino Unido, posteriormente adquirida pela Cognizant.

Ele entrou na Microsoft em 2008 para impulsionar as vendas europeias de uma nova divisão de serviços offshore. Para a surpresa de todos, aumentou a receita em 27 vezes. Foi nomeado diretor de vendas de entrega global para Europa, Oriente Médio e África e Ásia-Pacífico. Hoje, é diretor mundial de desenvolvimento de negócios, capacidades emergentes de serviços da Microsoft.

Dilip vive em Londres com sua esposa e duas filhas. Nos momentos de lazer, gosta de praticar rúgbi, esqui e automobilismo.

Perguntamos: "O que você gostaria que as pessoas aprendessem com a sua experiência?". Dilip respondeu: "Você deve tentar trabalhar com o maior número possível de pessoas diferentes e evitar fazer tudo sozinho. Se não tem uma rede de contatos, construa uma. Trabalhe de forma colaborativa dentro da própria empresa e dentro da empresa de seu cliente. Não deve haver distinção entre as duas. Os clientes precisam ver você como uma parte indispensável do negócio deles, ou você corre o risco de ser substituído".

Perguntamos também: "Como você define um profissional de alta performance?". Ele nos disse: "Hoje em dia, não se trata apenas de gerar receita. Trata-se de saber qual impacto você está tendo no negócio do cliente. Nunca venda e depois se afaste. Tudo o que você fez até esse ponto foi fazer promessas. A venda realmente começa *depois* que o contrato é fechado. Profissionais de alta performance conquistam e mantêm clientes para a vida toda".

ICÔNICO 6
JUSTIN STONE
EX-J. P. MORGAN

SOBRE JUSTIN STONE

Justin Stone cresceu no oeste do País de Gales com poucos recursos financeiros e uma educação incompleta. Vagava por aí sem um tostão até conhecer sua futura esposa e encontrar um novo propósito. Sua porta de entrada para a carreira foi o Exército Britânico, de onde ingressou na central de atendimento da AXA Direct em Essex, Inglaterra. Lá, ele aplicou a disciplina militar para decompor o processo de vendas em etapas replicáveis e executá-las com máxima eficiência. Rapidamente, tornou-se o principal vendedor e foi promovido a líder de equipe.

Três anos depois, Justin foi admitido na Henderson Global Investors como gerente de equipe de serviços ao cliente na City, o centro financeiro de Londres. Um cargo na The Hartford, uma empresa americana entrando no mercado do Reino Unido, o preparou para um papel nacional na Aegon, quatro anos depois. Dedicando-se também aos estudos ao longo do caminho, em 2011 Justin foi promovido a chefe da equipe de vendas nacionais da Schroders, onde descobriu que tinha talento para aplicar análises avançadas na melhoria das práticas de vendas em toda a empresa de gestão de ativos. Em 2014, foi convidado a assumir um cargo na J. P. Morgan como vice-presidente, liderando a equipe de vendas externas no Reino Unido na área de gestão de ativos.

Perguntamos a Justin: "O que você quer que as pessoas aprendam com sua experiência?". Ele nos respondeu: "Quando vejo vendedores muito ocupados, sei que isso significa que não estão sendo tão eficazes quanto poderiam ser. Alguns apontam para suas vendas altas e dizem 'Estou arrebentando!'. Porém, se você quer jogar no longo prazo, precisa planejar cada hora da sua semana para garantir que está agindo, não apenas reagindo. Menos é mais. Demorei anos para entender isso, mas, quando você consegue, vê melhorias enormes".

Quando indagamos a Justin como é, para ele, um vendedor de alto desempenho, recebemos a seguinte resposta: "Você é o tipo de pessoa que observa o que o número 1 faz. Está sempre buscando maneiras de aperfeiçoar seu trabalho. Olhe para a Disney – cada pequeno detalhe importa. A atenção aos detalhes é crucial. Meu argumento é: assegure-se de que tudo o que você faz seja de primeira, especialmente se é algo que o cliente valoriza".

ICÔNICO 7
PHIL BENTON
ADIDAS

SOBRE PHIL BENTON

Phil Benton começou sua carreira de vendas como gerente de território na indústria de alimentos e bebidas para a Scottish & Newcastle Breweries. Ele ingressou na Adidas, o maior fabricante de roupas esportivas da Europa, em 1994, e cresceu por meio de diversas funções de vendas e gestão, abrangendo varejo, comércio e marketing de contas, ajudando as marcas Adidas e Reebok a competirem com empresas como Nike, New Balance, Asics e Under Armour. Em 2012, foi nomeado diretor de vendas e escolhido a dedo para liderar a parceria da Adidas com os Jogos Olímpicos de Londres. A Adidas forneceu o vestuário e a mercadoria oficiais de Londres 2012, além de equipamentos para a equipe da Grã-Bretanha e 3 milhões de itens de roupas para voluntários e atletas na Vila Olímpica. A equipe de Phil ajudou a empresa a alcançar um ano recorde, com vendas de produtos licenciados superando 130 milhões de dólares (USD), mais que o triplo do que a Adidas arrecadou nos Jogos Olímpicos de Pequim. Desde então, Phil foi promovido a vice-presidente para o Reino Unido e Irlanda.

Nascido em Nottingham, Inglaterra, Phil estudou na University of the West of England, depois na University of Birmingham. Atualmente, reside no noroeste da Inglaterra com sua esposa e três filhos, e é torcedor de longa data do Norwich City Football Club. Também treina hóquei de campo após ter jogado por oito anos na Liga Nacional.

"O que você quer que as pessoas aprendam com sua experiência?", perguntamos a Phil. Ele nos respondeu: "Crie para si mesmo uma cultura de não querer falhar, mas aprenda a aceitar que algumas coisas darão errado. Aprenda com ambas. O ambiente de vendas é, por natureza, empreendedor; então, mesmo que você tenha processos e estratégias como guias, esteja preparado para inovar e se adaptar para onde os clientes querem ir".

Perguntamos a Phil: "Como é para você alguém de alta performance?". Ele respondeu: "Pessoas de alta performance são aquelas que trabalham silenciosamente, que fazem o trabalho e entregam. Você pode contar com elas para contribuir com a equipe. Quando ouvimos alguém se vangloriando sobre o que está prestes a fazer, ou até mesmo sobre o que acabou de fazer, em geral são as pessoas inseguras que ainda estão tentando se provar. Pessoas de alta performance conhecem seu valor e projetam uma aura de humildade, confiança e seriedade. Elas têm um plano para suas atividades de trabalho e outro para sua vida pessoal, e gerenciam ambos com maestria".

ICÔNICA 8
CLAIRE EDMUNDS
CLARIFY

SOBRE CLAIRE EDMUNDS

Em 2003, Claire Edmunds aproveitou a chegada de seu primeiro filho como trampolim para criar o próprio negócio, cujo público-alvo estava em uma lacuna de mercado que ela havia identificado. Fundou a Clarify, uma empresa especializada em desenvolvimento de negócios que oferece um modelo de operação fundamentalmente diferente para vendas corporativas: entrega um pipeline e uma receita previsíveis enquanto cria mudanças transformacionais de longo prazo. O medo do fracasso era uma preocupação para Claire, que mencionou que gerentes juniores com frequência ficavam receosos de assumir responsabilidades adicionais: "Eles ficam nervosos com a possibilidade de cometer erros, então o medo do fracasso se torna um inibidor. Uma vez que as pessoas recebem o incentivo para assumir riscos e se permitem cometer erros, elas podem alçar voo". Claire perseverou, e sua missão é mudar a forma como as empresas promovem e valorizam o desenvolvimento de negócios. Por meio de crescimento orgânico, a Clarify agora entrega valor a uma base global de clientes de renome e conta com um faturamento de milhões de dólares. Ela afirma que o sucesso se deve a gerentes e mentores: "Você precisa de pessoas ao seu redor que a incentivem a correr riscos, a tentar algo diferente. Em alguns ambientes, é difícil as mulheres levantarem a mão e afirmarem com convicção que podem fazer algo. Os homens parecem ter uma fé cega nas próprias habilidades!".

Antes de fundar a Clarify, Claire trabalhou em marketing e captação de recursos. Em 2014, foi nomeada Mulher do Ano (PME) pela *The Business Magazine*, uma premiação que celebra mulheres que alcançaram resultados expressivos e excelência em sua área. Em junho de 2015, foi reconhecida pela *Real Business Magazine* e pelo grupo de defesa empresarial CBI como a Primeira Mulher em Serviços Empresariais no prêmio nacional First Women in Business, que celebra as contribuições de líderes empresariais femininas em todo o Reino Unido. Ela mora em West Hampshire com o marido e quatro filhos, que mantêm seus fins de semana agitados com um calendário esportivo muito exigente!

Perguntamos a Claire: "Como é para você alguém de alta performance?". "Alguém que tem fome de fazer a coisa certa", foi sua resposta. "Uma pessoa capaz de investigar e se aprofundar em um problema ou desafio, e que consegue abrir a conversa com o cliente para considerar a perspectiva de longo prazo."

"O que você gostaria que as pessoas aprendessem com sua experiência?" perguntamos. Claire nos disse: "Ser capaz de manter o ímpeto é muito importante. Em outras palavras, manter as coisas em movimento ao pressionar e garantir que entendam em qual marcha o cliente precisa estar em diferentes momentos".

ICÔNICA 9
HARRIET TAYLOR
EX-ORACLE

SOBRE HARRIET TAYLOR

Harriet trabalhava na área de Customer Relationship Management (CRM) [Gestão de Relacionamento com o Cliente] na Oracle, uma empresa de software. Seus clientes incluíam corporações globais e governos nacionais. Ela não é a típica vendedora. Na verdade, não há nada de típico sobre ela.

Ela é parte cientista, parte musicista, parte rainha do JavaScript, e era responsável por garantir que a Oracle vendesse as melhores soluções integradas de CRM, rompendo silos e oferecendo uma experiência de cliente perfeita em marketing, vendas, comércio, atendimento e redes sociais, além das funções de configuração, precificação e cotação.

Antes de se juntar à Oracle, Harriet se formou com horarias em Física na University of Kent, na Inglaterra. Seu conhecimento em física teórica era tão notável, que ela recebeu o Prêmio de Projeto de Física da instituição por sua contribuição excepcional ao campo. Antes da universidade, estudou flauta no Trinity College London e obteve um diploma de distinção no nível 8. Harriet vive em Kent com seu marido, um contador certificado, e o schnauzer miniatura deles, Jake. Quando não está trabalhando, está levantando peso na academia local.

Perguntamos a Harriet: "O que você gostaria que as pessoas aprendessem com a sua experiência?". Ela respondeu: "Estou tentando ser a melhor versão de mim mesma e gostaria de que você também fosse. Uma das minhas frustrações na vida é que não conheço tantas pessoas que sejam tão motivadas quanto eu, e me pergunto o que há de errado com elas. Se você se esforçar para trabalhar de forma inteligente, alcançará coisas que nunca pensou serem possíveis".

"O que é um profissional de alta performance para você?" perguntamos. A resposta de Harriet foi: "É alguém que não tem medo de falhar (o que os psicólogos dizem ser, essencialmente, o medo de si mesmo). É irracional temer a si mesmo. Quando reconhecemos isso, percebemos que não há problema algum em falhar. É claro que cada sucesso deve ser valorizado, mas é provável que você ainda não tenha atingido o melhor de que é capaz. A menos que diga a si mesmo que já atingiu seu ápice, você sempre pode se tornar alguém ainda melhor. Eu pretendo. Um verdadeiro profissional atinge o topo de sua carreira, permanece humilde, continua aprendendo, encontra uma montanha mais alta para escalar e leva outros junto com ele".

ICÔNICA 10
IRIS SCHOENMAKERS
CISCO SYSTEMS

SOBRE IRIS SCHOENMAKERS

Após desempenhar funções de sucesso trabalhando para a Sony, Madame Tussauds e uma equipe de Fórmula 1, Iris Schoenmakers decidiu empreender: abriu empresas na Holanda e na Alemanha. Os negócios incluíam duas agências de interpretação, um estúdio de design de perfumes de alto padrão e a filial internacional de uma empresa sueca de TI em RH. Em 2011, ela foi recrutada pela Cisco Systems (EMEA–Rússia) para se concentrar na melhoria da produtividade de canais, na gestão da psicologia da mudança comportamental e no aumento das vendas em diversas culturas e fronteiras, em equipes virtuais. Esse era um desafio, pois Iris fazia parte de um sistema matricial sem autoridade direta sobre as equipes. Ela precisou dominar rapidamente a arte da diplomacia e da influência. Hoje, trabalha em um portfólio de grandes parceiros de tecnologia e serviços da Cisco, cada um com um gasto anual mínimo de 30 milhões de dólares (USD), com os quais Iris e sua equipe são responsáveis por manter e desenvolver cada relacionamento estratégico.

Quando perguntamos a Iris: "O que você gostaria que as pessoas aprendessem com sua experiência?", ela nos disse: "Experimente coisas diferentes; explore quem você é como profissional: o que lhe vem naturalmente e o que não vem? O que lhe dá energia? Em vez de seguir o caminho já trilhado, use o que você sabe sobre as próprias forças, abrace cada desafio e torne sua jornada profissional única para você".

Perguntamos a Iris: "Como você define um profissional de alto desempenho?". Ela respondeu: "Alguém que tem uma motivação intrínseca para sempre fazer o melhor, independentemente da atividade. Na verdade, é impossível ser excelente em tudo, mas ter essa motivação fará com que sempre comece com novos olhos e dê o seu melhor".

ICÔNICO 11
LETÍCIA BALTAZAR
ABBOTT

SOBRE LETÍCIA BALTAZAR RIES

Paixão. Se há uma palavra que atravessa a trajetória de Letícia, essa palavra é paixão. Paixão por pessoas, por desafios, por impacto real. Paixão por vendas. "É quase um hobby que gruda na gente e não sai nunca mais", ela brinca. Com mais de 25 anos de experiência na área da saúde, Letícia é hoje gerente geral de eletrofisiologia, um dos negócios de cardiologia da Abbott, multinacional americana de cuidados para a saúde. Sua história, no entanto, começa bem antes – como estagiária em um hospital de Florianópolis, enquanto ainda cursava Administração de Empresas pela Universidade Federal de Santa Catarina.

Desde o início, Letícia viu na gestão hospitalar algo que muitos não viam: potencial. "Na época, a administração hospitalar era um tema secundário na faculdade. Mas eu sabia que hospitais sempre existiriam e que havia uma oportunidade enorme de profissionalização nesse ecossistema", conta. Movida por essa visão, ela mergulhou de cabeça no setor – e nunca mais saiu. Participou da construção de um hospital do zero em Florianópolis, onde liderou pessoas de diferentes gerações e experiências, trabalhou na área de Life Sciences e Healthcare na Deloitte e teve até uma experiência profissional na China, onde trabalhou em uma startup de inteligência de mercado para a indústria farmacêutica, uma vivência cultural e profissional impactante.

Sua carreira é marcada por saltos corajosos: "Sempre sou ousada, procuro algo melhor." Cada nova função exigia dela algo além do conhecimento técnico; pedia sensibilidade, escuta e capacidade de adaptação, e assim suas habilidades iam sendo desenvolvidas, aprendidas e reforçadas. Na Philips, empresa holandesa onde liderou projetos com foco em equipamentos de imagem e softwares hospitalares, Letícia se viu diante da complexidade de um sistema que ultrapassa os números. "Na saúde, você interage com médicos, enfermeiros, administradores, diretores. Cada um tem necessidade e realidades distintas. Aprendi que comunicação, mais do que uma habilidade, é um elo entre mundos muito diferentes."

Hoje, na Abbott, ela lidera um time diverso, sendo responsável por P&L, Estratégia e Mercado e Pessoas. "É um desafio enorme, mas é também um espaço de autonomia", diz. Sua missão vai além de atingir metas; ela busca gerar conexões. "Em vendas, se você não tiver empatia e criar vínculo, não vende. Pode até parecer que sim, mas será algo frágil, pontual. Para sustentar uma relação comercial, é preciso olhar o outro com genuíno interesse."

E é aí que sua filosofia sobre vendas se destaca: acredita em disciplina, na execução do planejado, e aconselha: "Se não tiver esse perfil, se cerque de pessoas que tenham." Acima de tudo, acredita em pessoas. "Recentemente, tive que escolher uma pessoa para uma posição estratégica. Me dei conta de que o que mais valorizo é o otimismo – não aquele otimismo ingênuo, sem prestar atenção nos riscos, mas a capacidade de ver oportunidades mesmo em situações difíceis."

Depois vem preparação e a capacidade de influenciar positivamente. "Para isso, não basta só você falar bonito com um discurso pronto, é preciso saber ouvir e engajar, conhecer os assuntos importantes que estão acontecendo, ler rapidamente o perfil das pessoas, ser autêntico e transparente, criando uma influência favorável, alimentando confiança no relacionamento." A autenticidade é importante: "Cada um tem o seu jeito, o seu perfil, não existe uma receita pronta; ser genuíno deixa marcas e inspira pessoas."

Ela completa o perfil do vendedor de alto desempenho: "É preciso entender que tem coisa que não dá para controlar, tem que escolher. E, ao mesmo tempo, não há espaço para vitimismo. Se não deu certo, você precisa refletir: o que posso fazer diferente, qual o plano B e C? Assumir a responsabilidade, aprender e seguir, com criatividade, pensando fora da caixa." Sobre resiliência, ela é enfática: "Fracasso faz parte. O que importa é o que você faz depois. O bom vendedor não desiste. Ele ajusta, tenta de novo. E mantém o brilho nos olhos."

Ao longo da conversa, Letícia repete a palavra "brilho" mais de uma vez. Está nos olhos, nas ideias, no tom de voz. Ela acredita que esse brilho é contagiante – e, para ela, o maior legado que pode deixar. "Quero ser lembrada como alguém autêntica, transparente, que nunca parou de crescer e se desenvolver. Em vendas, o céu não é o limite."

Pressão, para Letícia, é combustível, "é aquela adrenalina de querer mais que move a gente". Mas não a qualquer custo. Ela reconhece que há formas saudáveis de lidar com o estresse. "A pressão precisa ser canalizada. Se você tem propósito, ela vira motor. Se não tem, vira peso." Para ela, o seu propósito está claro: salvar vidas – mesmo não sendo médica. "A gente pode fazer diferença real, sim. Quando um produto chega a um hospital, quando um projeto melhora um fluxo, quando uma inovação se torna acessível, isso impacta vidas. E é o que me move."

Letícia também fala com entusiasmo sobre disciplina e dados. "Vender é processo. Sem acompanhamento, sem análise, você voa no escuro." Além disso, se os dados dizem muito, o relacionamento diz bem mais. Ela é daquelas líderes que querem ouvir, que olham no olho, que perguntam antes de sugerir.

Talvez seja essa escuta que a tornou uma referência para tantos colegas de mercado. Seu estilo de liderança mistura firmeza com empatia, cobrança com apoio. "Eu erro, claro. Mas ando sempre para a frente. Sempre dou um jeito. Sempre me importo." A paixão, afinal, continua sendo o fio condutor de tudo.

Em tempos em que o discurso sobre vendas é muitas vezes focado em performance fria, Letícia nos lembra de que vender é, antes de tudo, um ato humano. E é justamente essa humanidade que faz dela uma verdadeira icônica.

ICÔNICO 12
CLODYS MENACHO
ALLTECH

SOBRE CLODYS MENACHO

Clodys Menacho é diretor comercial da Alltech do Brasil, uma das principais empresas globais de produtos inovadores e sustentáveis de melhoria de desempenho agrícola e animal. Sua trajetória, no entanto, começou longe dos grandes centros agropecuários brasileiros. Nascido na Bolívia, ele formou-se como Engenheiro Agrônomo com foco em pecuária na renomada Escola Agrícola Panamericana, em Honduras, sonhando em ser criador de gado – e nunca vendedor. "Eu dizia que não ia ser vendedor de jeito nenhum", recorda. O destino, porém, tinha outros planos, e tudo mudou a partir de um congresso de avicultura no Chile, onde conheceu e conversou com o Dr. Lyons, presidente da Alltech e um ícone da indústria. Lá, descobriu o mundo da biotecnologia animal e a dura realidade de que escutar o cliente é mais importante do que recomendar um produto. "Depois de apresentar as maravilhas de um produto chamado Yea-Sacc, um produtor me disse: 'Você não tem água para me vender? Meu problema é água!' Ali entendi que precisava reaprender tudo. Vender começa pela escuta, não pelo discurso."

Essa virada de chave o levou por uma carreira internacional. Viveu quase dez anos na Guatemala, onde suas filhas nasceram, e coordenou operações em doze países da América Central e Caribe, viajando até três países por semana. Era uma época em que liderar à distância exigia criatividade – o WhatsApp ainda não existia, e as conexões se davam por ligações pelo BlackBerry com muitas restrições. Foi nesse período que desenvolveu uma das competências mais marcantes de sua liderança: a escuta ativa. Clodys é do tipo que não tem pressa para falar. Ele escuta, pergunta e espera. "Gosto de gente curiosa, que tem vontade de aprender, que entra em uma reunião pensando no que vai descobrir, não no que vai dizer." Essa abordagem virou sua marca registrada também nos processos seletivos. "Ser médico veterinário e ter que fazer autópsia em um frango numa granja, OK, mas como você venderia para PET?", desafia. Raramente entrevista alguém sozinho. Prefere trazer outras pessoas da equipe e entender o que o candidato faz fora do trabalho, o que lê, seus hobbies. Assim consegue enxergar o potencial do candidato para construir equipes plurais, diversas em experiência e pensamento.

Em 2012, assumiu as vendas da Alltech no Brasil, e hoje lidera as atividades da empresa também na Bolívia, no Paraguai e no Uruguai. Com mais de trinta anos de casa, Clodys viu o mercado evoluir – e evoluiu com ele. Aprendeu que metas importam, mas o impacto emocional das cobranças também. "Já tive vendedor tomando ansiolítico por causa de meta. Isso não é saudável. Se você não está curtindo o trabalho, tem algo errado." Para ele, vender bem é trabalhar de forma inteligente, respeitar o tempo do cliente e da equipe. "Se você olha só pra meta, não vende. Porque a meta paralisa. O que vende é escutar o produtor, entender o que ele precisa." Destaca que a pressão é parte da venda, e deve ser parte do estímulo para buscar resultados.

Ao falar de metas também explica a importância de querer buscar desafios: "Vendedor sem meta não é vendedor. E a meta precisa ser desafiadora, não basta você ficar 'escondendo o leite' para conquistá-la, precisa se autodesafiar a fazer mais." Logo a seguir, destaca a importância do trabalho em equipe: "Por exemplo, como lidar com contas-chave? No Brasil tem três empresas com 65% do mercado de aves. Qualquer vendedor a princípio quer essas contas. Aí encara as cotações, e isso não é uma venda. Precisa pensar diferente, trabalhar com mais pessoas, buscar conhecer mais as necessidades dos clientes e as oportunidades. Controlar o ego é muito importante!"

Sua visão sobre vendas é ao mesmo tempo humanizada e prática. Ele entende que cada cliente é um universo e que a comunicação precisa ser personalizada. "Não adianta mandar e-mail para quem não lê e-mail. Comunicação não é bombardeio de informação, é conexão." Um de seus casos mais emblemáticos foi com um nutricionista na Guatemala que o evitava. Descobrindo que ele gostava de livros, Clodys apareceu com um livro sobre biotecnologia com o autógrafo do Dr. Lyons em mãos. O gesto virou amizade – e negócio.

Para ele, vender é construir relacionamentos. Em eventos do setor, explica que "não participa para fazer negócios, mas para fortalecer os relacionamentos que estão lá." E mesmo com todo esse esforço tem que reconhecer que a rejeição faz parte do caminho. "Se você não está ouvindo 'não', é porque não está fazendo seu trabalho direito." E, talvez por isso, insiste com sua equipe: "As melhores oportunidades muitas vezes estão nos lugares que não o recebem bem. É ali que você precisa persistir."

Clodys não gosta de se ver como alguém excepcional. Prefere falar da importância de se adaptar, de manter o pé no chão, e de entender que cada ambiente exige uma forma diferente de escuta e atuação. "Não existe fórmula mágica", como gosta de dizer. Existe, sim, o equilíbrio de motivações e o compromisso de aprender com cada relacionamento, respeitando a complexidade humana por trás de todo cliente.

ICÔNICO 13
HILGO GONÇALVES
GREAT PLACE TO WORK

SOBRE HILGO GONÇALVES

Hilgo Gonçalves é o tipo de pessoa que olha sempre a parte cheia do copo, procurando transformar adversidades em oportunidades, buscando alternativas para simplificar e aprender o que parece impossível. Iniciou a sua jornada na cidade de Palotina, no interior do Paraná. Aprendeu desde cedo que esperar não era uma opção. Aos 7 anos, já vendia picolé, e o seu instinto de vendedor já se manifestava: "Comecei muito cedo como vendedor, colocava os picolés no isopor protegidos para não derreter, sabia onde estavam os meus clientes potenciais, e aplicava o marketing boca a boca, dizendo: 'Olha o picolé!'" Era pacoteiro em loja quando obteve seu primeiro registro em carteira, em 1973, e ali mesmo conquistou sua primeira promoção a vendedor de revistas.

Fala com orgulho que é um eterno vendedor e adora compartilhar experiências e aprendizados: "O bom vendedor não vende, é o cliente que compra. O papel do vendedor é inspirar o cliente." Aos 17 anos, entrou como auxiliar no Unibanco. Usando a sua habilidade de se relacionar com o cliente, já era gerente geral aos 21 anos, e desenvolvia campanhas inovadoras, como "Cliente traz cliente", com grandes resultados. Dali em diante, o que se viu foi uma trajetória que desafiou qualquer estatística. Passou por Cascavel, Curitiba, Amazônia, Nordeste, Sudeste – e, em cada nova função, deixou uma marca. Era um vendedor que não vendia produtos, mas relacionamentos com soluções. Um líder que colocava as pessoas no centro de tudo, muito antes de isso virar tendência. "Se você cuida bem do colaborador, ele vai cuidar bem do cliente, e o resto é consequência: mais engajamento, mais resultados e, acima de tudo, uma experiência muito melhor para todos."

Foi com essa filosofia que assumiu, anos depois, a presidência da Losango – braço de varejo do HSBC no Brasil – e conduziu a empresa a se tornar referência em resultados com alma. Engajamento virou cultura. Atendimento virou diferencial. E resultados vieram como consequência. Mas talvez seu maior legado não esteja nos números, e sim nas pessoas que se transformaram ao seu lado.

Uma de suas marcas mais conhecidas é a pergunta que faz todos os dias a seus colaboradores e pares: "Que dia é hoje?" A resposta que ele espera é sempre a mesma: "Hoje é o Dia do Cliente." Não como uma campanha de marketing, mas como um mantra. Um lembrete diário de que todo trabalho só faz sentido se, no fim, o cliente tiver uma excelente experiência. Essa é a filosofia de Hilgo. Foi esse olhar que o destacou tanto nas áreas de vendas quanto na gestão de pessoas. Para ele, vendas não são transações. São construções de confiança. E liderar não é cobrar – é cultivar relações de respeito.

Mas também entende que vender demanda dedicação: "Tem que ter brilho nos olhos e sorriso na voz, saber o seu valor e, com humildade, entender o seu cliente." Ele reconhece que o trabalho envolve dedicação, disciplina, e indica caminhos: "É preciso se planejar, saber onde está o seu mercado, o que você está oferecendo e como impactar o cliente. Quanto mais souber o contexto da venda, menos ansiedade terá." E reforça que o desafio de vender precisa de empenho, garra e motivação: "Meta não é ponto de chegada, é ponto de partida. Se alguém me deu uma meta desafiadora, é porque confia em mim."

Esse olhar pragmático e humano também se estende ao seu trabalho voluntário. Em 1993, aceitou presidir a Uopeccan, um hospital oncológico no oeste do Paraná, quando a instituição ainda era só um sonho. Sua motivação era pessoal: sabia na pele o que era ter um familiar com câncer e não ter estrutura por perto. Com articulação, empatia e liderança, mobilizou uma região inteira para tornar aquele projeto realidade. "Não importa quem faz. Importa o que está sendo feito", diz. Com essa visão, plantou as bases de uma rede de cuidado que dura até hoje.

Após quarenta anos no mercado financeiro, Hilgo decidiu recomeçar – ou melhor, continuar sua trajetória – como embaixador do Great Place to Work no Brasil. Seu novo propósito é compartilhar tudo o que aprendeu com líderes, equipes de vendas e empresas que desejam crescer de forma sustentável. Repete, sempre que necessário, que a pergunta "Que dia é hoje?" não é trivial. Essa frase virou um mantra, um farol. Porque vender, para ele, é mais do que negociar: é servir. Servir bem – todos os dias, "Colocando as pessoas primeiro e no centro da estratégia".

Mesmo com toda essa experiência, sempre destaca a oportunidade de aprender continuamente: "Nós somos seres humanos com nossos pontos fracos, vulnerabilidades, medos e a preocupação de não dar conta do recado. Mas toda vez que você se sentir diante de uma situação como essa, o mais importante é se encontrar, buscar ajuda, aprender com os erros, nunca desistir. É respirar, olhar para dentro de si e ver o que você tem de melhor."

Ele continua: "Em que você acredita? O que o motiva? Não deixe de refletir, pois isso o ajuda a ir muito mais além. Como você vai se comunicar com seu cliente? É um caminho de mão dupla e que precisa funcionar. Como usará a sua influência para criar a empatia necessária com quem deseja desenvolver um negócio? O que significa para você ser uma pessoa realizada? Refletir é o caminho para se inspirar; pois, até onde você chegou, não tem retrocesso, você só pode ir para a frente – hoje será melhor do que ontem; e amanhã, melhor do que hoje. Todos os dias seremos melhores, se acreditarmos em nós."

Hilgo Gonçalves segue rompendo bolhas. Aonde chega, planta perguntas e inspira ação. "Você tem que ter um proposito para a sua vida. As palavras têm força e precisam ser usadas para fazer o bem, se divertindo com o que faz", destaca. E não deixa de reforçar que sempre é um vendedor: "Vendo no elevador, no ponto de ônibus, no avião; gosto de conversar. Na verdade, o vendedor é um grande perguntador para que possa conhecer o cliente. Sendo feliz com o que faz, irradia felicidade, confiança e, logo, encanta o cliente. Tenho orgulho de sempre ter sido vendedor e de buscar estar bem para fazer o bem."

* * *

Com as apresentações feitas, chegou a hora de decifrar o primeiro enigma…

CAPÍTULO DOIS

REALIZAÇÃO

CRENÇA DE DESTINO
EU ME SINTO MAIS REALIZADO QUANDO SOU BEM-SUCEDIDO (REALIZAÇÃO)

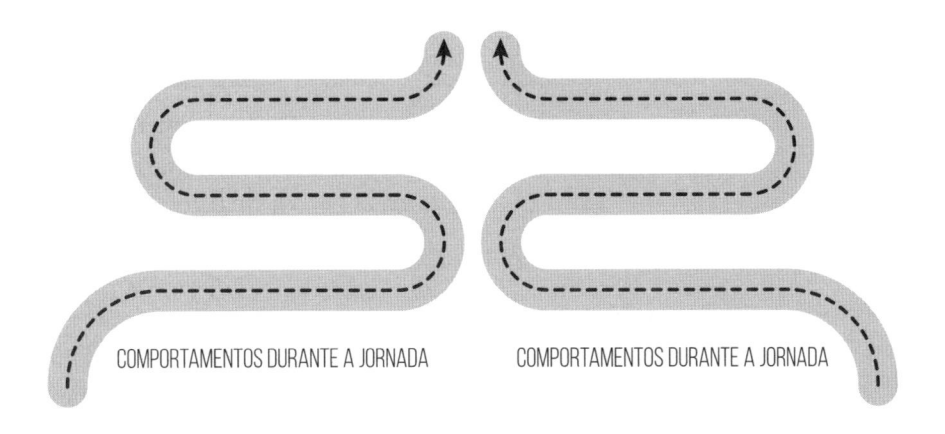

COMPORTAMENTOS DURANTE A JORNADA   COMPORTAMENTOS DURANTE A JORNADA

ALTO — EQUILIBRADO — ALTO
ESPECTRO DE INTENSIDADE

MOTIVADOR DE JORNADA 1
Eu preciso vencer porque tenho medo de fracassar
(Medo)

MOTIVADOR DE JORNADA 2
Quero ser melhor do que jamais pensei que poderia ser
(Desejo)

Ao entrevistar vendedores de alto desempenho por noventa minutos e explorar suas motivações individuais, observamos que todos tinham um desejo ardente de ser bem-sucedidos e acreditavam que o sucesso contribui para o progresso tanto profissional quanto pessoal. Sem surpresas até aí.

Para garantir que o estudo fosse confiável, dividimos os participantes em dois grupos. O Grupo 1 incluiu os vendedores de maior desempenho em cada empresa participante, enquanto o Grupo 2 incluiu os de menor desempenho.

Em ambos os grupos, descobrimos a Crença de Destino que todos tinham em comum. Quando exploramos o que moldava essa crença, identificamos dois Motivadores de Jornada bem distintos.

A Crença de Destino é: "Eu me sinto mais realizado quando sou bem-sucedido" (Realização).

O Motivador de Jornada 1 para a realização é baseado em cautela, motivado pelo medo e focado em evitar uma consequência negativa. ("Eu preciso vencer porque tenho medo de fracassar.")

O Motivador de Jornada 2 para a realização é baseado na aspiração. Ele é motivado pelo desejo e focado em buscar um nível gerenciável de risco para alcançar mudanças e abrir portas a novas oportunidades. ("Quero ser melhor do que jamais imaginei que poderia ser.")

Os Motivadores de Jornada podem parecer opostos – e realmente são. No entanto, cada um desempenha o próprio papel na busca pela realização. Nós nos perguntamos se um seria mais eficaz do que o outro. Nossa pesquisa mostra que, enquanto os vendedores demonstram ambos os Motivadores de Jornada, eles os exibem com diferentes níveis de intensidade, dependendo de serem de alto ou baixo desempenho. Por exemplo, 100% dos vendedores de alto desempenho são impulsionados pelo Motivador de Jornada 2 (Desejo) com mais intensidade do que pelo Motivador de Jornada 1 (Medo).

Para eles, parece que o prêmio *é* mais poderoso do que a punição.

CRENÇA DE DESTINO: EU ME SINTO MAIS REALIZADO QUANDO SOU BEM-SUCEDIDO (REALIZAÇÃO)

VENDEDORES DE **BAIXO** DESEMPENHO
VENDEDORES DE **ALTO** DESEMPENHO
ÁREA DE INTERSEÇÃO

Eixo X: QUERO SER MELHOR DO QUE JAMAIS IMAGINEI QUE PODERIA SER

Eixo Y: EU PRECISO VENCER PORQUE TENHO MEDO DE FRACASSAR

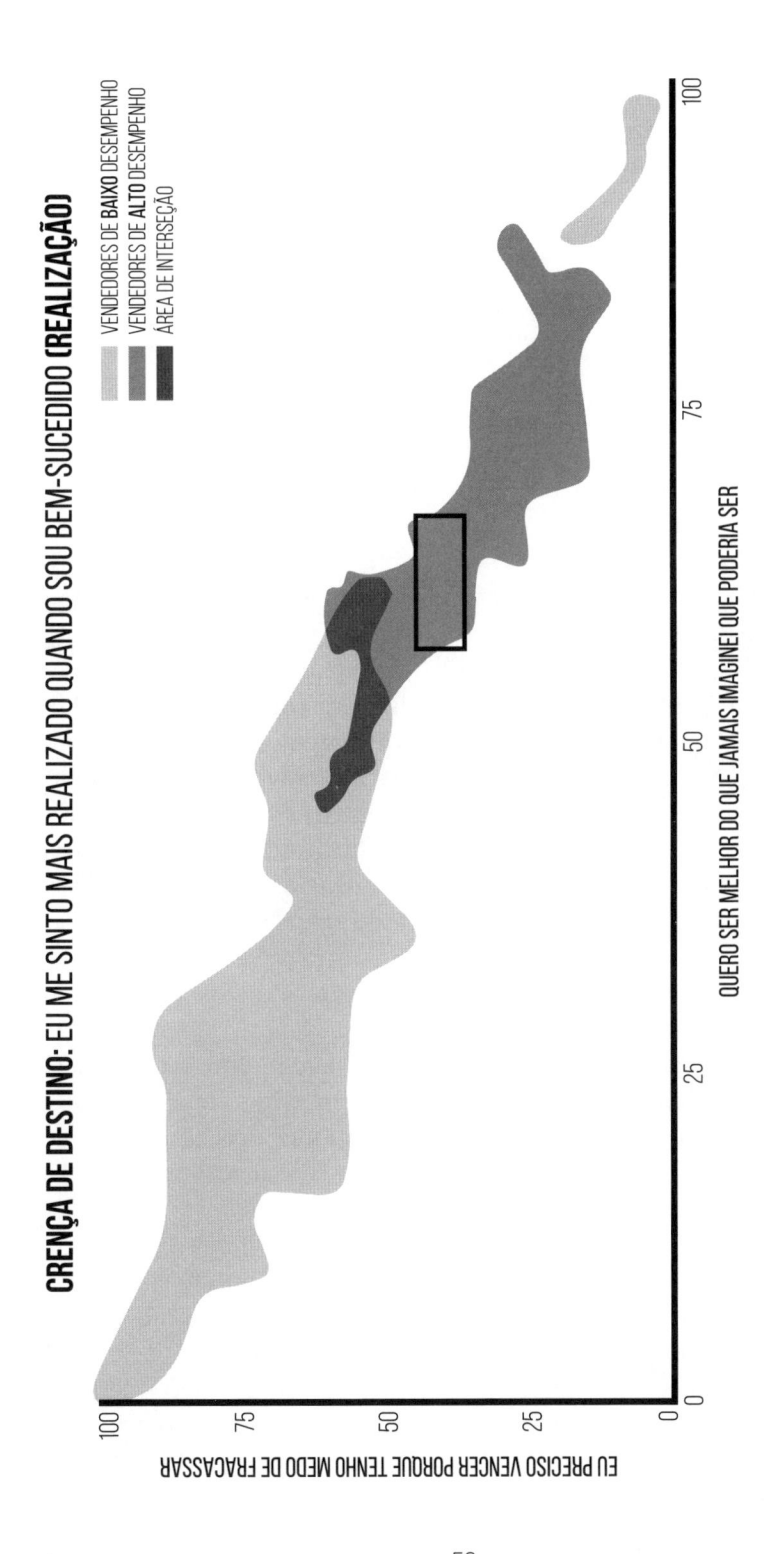

FIGURA 2

Distribuição dos Motivadores de Jornada para realização

Na Figura 2, o eixo vertical reflete o Motivador de Jornada 1 (Medo) e o eixo horizontal mostra o Motivador de Jornada 2 (Desejo). Sozinho, o gráfico parece um diagrama de dispersão comum. Mas há uma informação muito interessante. Observe a localização do retângulo. Nossa pesquisa descobriu que a posição ideal para a Crença de Destino de realização é 62% desejo e 38% medo. A posição dessa aglomeração confirma que os melhores vendedores apresentam ambos os Motivadores de Jornada; porém, nos 5% que apresentam o maior desempenho, o desejo de serem os melhores é quase o dobro do medo de falhar. Esse grupo tem outras características em comum: consistentemente figura nos 5% de maior desempenho, e vende mais do que qualquer outra pessoa. Além disso, ganha mais do que seus colegas de setor. Para deixar claro como chegamos a esses top 5%: com base em nosso grupo de alto desempenho, utilizamos um *scorecard* [o *Balanced Scorecard*, ou BSC, é um sistema de metrificação baseado em Indicadores Balanceados de Desempenho] e classificamos as pessoas acima e abaixo de uma mediana. Em seguida, isolamos os 5% superiores, identificando, assim, os top 5% do grupo de alto desempenho. Vamos recuar um pouco e explicar por que fizemos isso. Usamos um scorecard para criar um campo de comparação nivelado e confrontar dados de vendedores em diversos contextos. Por exemplo, uma medida quantitativa como "Este vendedor faturou 1 milhão de dólares em negócios?" não serviria de comparador, porque outra pessoa poderia apresentar um alto desempenho atingindo meio milhão de dólares em negócios. As pessoas no nosso scorecard atingiram suas metas nos últimos três anos. Eles superaram a aquisição de novos clientes em determinado período?

O sistema de crenças dos 5% melhores é ferozmente pragmático. Eles usam o medo como combustível. Isso os motiva todas as manhãs, alimenta sua fome e os lança no meio de qualquer oportunidade que possam encontrar. Mas não são perfeccionistas. Aceitam seus limites e se consideram "um trabalho contínuo em progresso". Assim, experimentar, falhar, aprender e melhorar fazem parte de um processo de refinamento que eles abraçam. É uma mentalidade muito semelhante ao conceito japonês de *kaizen*, segundo o qual nada é tão bom que não possa sempre ser melhorado.

Com evidências empíricas de que os 5% melhores vendedores têm isso em comum, agora exploraremos como você pode adotar o mesmo sistema de crenças.

MOTIVADOR DE JORNADA 1
EU PRECISO VENCER PORQUE TENHO MEDO DE FRACASSAR

Atiquifobia é uma palavra que se origina do grego antigo. *Atiqui* (ἀτυχία) significa infortúnio e *fobia* (φόβος) significa medo. É a emoção que impulsiona alguém a ir além dos seus limites e a suportar desconfortos por temer consequências negativas caso não o faça. Isso motiva pessoas comuns a frequentarem a academia a fim de superar fraquezas físicas, solidão ou autodesprezo. Motiva-as a estudar para obter uma qualificação profissional melhor, evitando serem preteridas em promoções ou ficarem presas em empregos sem futuro. Motiva vendedores a saírem cedo para as ruas, fazerem mais ligações e serem ousados ao fechar negócios, pois não querem ser vistos como medíocres, ser esmagados por dívidas, ver seus filhos privados da melhor educação ou tornar-se um pai idoso sem os melhores cuidados.

Essa emoção não está ligada ao que de bom você pode ganhar, mas ao que de ruim pode evitar. Ela é, por vezes, chamada de "plataforma em chamas". A expressão surgiu após a desastrosa explosão da plataforma de perfuração de petróleo *Piper Alpha*, em julho de 1988, na costa da Escócia. Um total de 164 tripulantes e dois socorristas perderam a vida no pior desastre da história da exploração de petróleo no Mar do Norte. O engenheiro-superintendente Andy Mochan foi um dos sobreviventes. Sua experiência é um exemplo extremo de "vencer para evitar o fracasso" (que, no caso dele, significava a morte).

Tarde da noite, um vazamento de gás natural pressurizado "gritou como uma banshee" por toda a plataforma,[1] despertando Andy e alertando os demais de que havia algo de errado. Segundos depois, uma explosão partiu a plataforma ao meio, engolfando-a em uma nuvem de chamas e fumaça. Andy tateou no escuro para se arrastar por um emaranhado de corredores retorcidos e alcançar a plataforma que tremia acima, onde o óleo em chamas chovia como napalm, derretendo o equipamento, as cabines e as pessoas sobre as quais caía. Andy encontrou uma seção limpa do convés e tinha a intenção de permanecer ali até que os socorristas chegassem.

A plataforma tinha botes salva-vidas, mas haviam sido incinerados. O heliporto desabara. Ao se afastar de um paredão de chamas que avançava, Andy calculou o que poderia acontecer se fosse forçado a pular os quinze andares até o mar abaixo.

Se a queda não o matasse, se ele não fosse nocauteado ou empalado por destroços flutuantes, se não quebrasse braços e pernas, se nenhum equipamento pesado caísse sobre ele e se evitasse os pedaços de aço derretido que choviam, então as águas geladas terminariam o serviço. Seu treinamento dizia que ele teria vinte minutos antes de inevitavelmente congelar e se afogar.

Uma explosão então lançou uma parede de chamas em sua direção, e ele teve que decidir: pular naquele instante ou queimar. Andy tomou uma ação para evitar outra pior. Esse foi seu momento "plataforma em chamas". Ele pulou. Imagine o que deve ser cair em direção a um oceano tão gelado, que mataria em poucos minutos de imersão. O oceano gelado irradiava um calor feroz das chamas oleosas em sua superfície, que saltavam no ar como dedos do inferno, tentando puxar Andy para o seu destino.

Ele sofreu queimaduras graves, mas foi resgatado e sobreviveu. Embora sua vida nunca tenha sido a mesma, conseguiu levar uma vida familiar feliz até sua morte, em 2004. Após a tragédia, tornou-se um ativista por mais segurança no ambiente de trabalho. Ele nunca buscou, em sua vida pessoal, as mudanças causadas pelos eventos daquela noite na *Piper Alpha*, mas garantiu que lições fossem aprendidas e que algo positivo surgisse de um desastre que afetou tantas pessoas.

Talvez você esteja encarando a própria "plataforma em chamas" ou possa ser obrigado a enfrentar uma grande mudança no futuro. Como responderá?

Andy pulou na água de uma altura de 45 metros. Olhando para trás, viu que toda a plataforma estava em chamas – não havia um único metro quadrado que não estivesse envolto pelo fogo. Quando perguntados se o medo ou o desejo os motivavam mais frequentemente, 100% dos vendedores revelaram que o medo é um fator motivador de comportamento em certa medida, embora os níveis de intensidade variem entre vendedores de alto desempenho e os de baixo desempenho.

Descobrimos isso ao entrevistar participantes com perguntas semiestruturadas estabelecidas por nossos psicólogos internos, com base nas teorias de William Moulton Marston, inventor do primeiro detector de mentiras, que publicou suas descobertas em *As emoções das pessoas normais*, em 1928.[2]

Após as entrevistas, separamos os respondentes em dois grupos: aqueles que contavam com esse Motivador de Jornada e aqueles que não contavam. Analisamos o primeiro grupo em busca de características comuns e identificamos dez traços de comportamento compartilhados por todos os entrevistados.

Em seguida, triangulamos tais traços com as transcrições das entrevistas para confirmar se as pontuações eram uma representação precisa do comportamento em cada caso. Em resumo, comparamos a linguagem, os exemplos utilizados e os comportamentos referenciados pelos respondentes com as perguntas feitas por nossos psicometristas. Isso filtrou cinco traços de comportamento que não eram consistentes e revelou outros cinco que eram consistentes em todas as transcrições. As descobertas foram as seguintes:

COMPORTAMENTOS OBSERVADOS COM MAIOR FREQUÊNCIA
1. Decisivo/Resoluto
2. Tem iniciativa/Independente
3. Imponente/Irresistível
4. Obstinado/Firme
5. Competitivo/Mentalidade vencedora

Descobrimos que o medo impulsiona a maioria (56%) dos vendedores de baixo desempenho. Desses, 86% confessaram que estavam tentando não repetir o passado. As duas formas mais comuns em que isso apareceu na pesquisa foram: "Quero ter mais status ou dinheiro do que minha família teve enquanto eu crescia" ou "Quero superar as conquistas de um dos meus pais ou de um rival". (Essa segunda convicção às vezes foi expressa como: "Não quero acabar como meus pais".)

Pode-se pensar que, dado o medo de falhar desse grupo, os comportamentos destacados na tabela anterior funcionariam a seu favor. Se é assim, por que eles não estão entre os melhores desempenhos? Parece que, no desejo ardente de evitar o fracasso, esses comportamentos podem ser exagerados, tornando-se contraproducentes. É o que os economistas chamam de Lei dos Rendimentos Decrescentes. O que é firmeza se torna obstinação; independência pode se transformar em isolamento; autoridade pode se tornar autoritarismo.

Quando perguntamos como viam o sucesso e a realização, foi notável que mais da metade dos vendedores de baixo desempenho não conseguia descrever o estado futuro que desejavam. A maioria não havia tirado tempo para imaginar o futuro, visualizar ou estabelecer novas metas. Eles podiam descrever em detalhes obsessivos as condições das quais estavam fugindo, mas não o ideal que perseguiam.

Consegue ver o problema nisso? É como dirigir um carro olhando pelo retrovisor. Aquilo em que pensamos com mais frequência molda nosso sistema de crenças e atitudes. Nossas atitudes moldam nosso caráter. Nosso caráter molda nossas ações. Nossas ações moldam o que alcançamos. Outra forma de dizer isso é: "A atitude determina a altitude".

Se você passa a maior parte do tempo se debruçando sobre o passado, pode estar condenado a revivê-lo, em vez de se libertar dele. Há várias reflexões do filósofo inglês James Allen (1864–1912), em seu atemporal *Você é o que você pensa*,[3] que podem se aplicar aqui:

- A alma atrai aquilo... que ama e que teme.
- Ações e sentimentos são precedidos por pensamentos.
- O pensamento correto começa com as palavras que dizemos a nós mesmos.
- Você não pode viajar internamente e permanecer imóvel externamente.

Um conto popular dos Cherokee[4] também pode ser adaptado aqui. Um avô diz a seu neto que há dois lobos dentro de cada pessoa, sempre lutando. Um deles é um lobo bom, que representa o futuro que você quer alcançar. O outro é um lobo mau, que representa o passado que você teme repetir. O neto olha para o avô e pergunta: "Qual deles vencerá?". Com calma, o avô responde: "Aquele que você alimentar".

Portanto, vemos que o medo de repetir um passado negativo impulsiona a maioria dos vendedores de baixo desempenho. Eles podem acreditar que lembrar quão ruim foi o passado talvez tenha o efeito de motivá-los a perseguir um futuro melhor. Mas a verdade é que, se você mantém o passado vivo, nunca poderá superá-lo. Esse é um defeito que potencialmente impede os de baixo desempenho de alcançar os avanços necessários. Se você já ouviu a si mesmo ou outra pessoa dizer: "É assim que é", "Esse é o meu destino", "Não há nada que possa ser feito", então está alimentando a mediocridade.

O estrategista de desempenho Matt Mayberry diz: "Todos as pessoas de alta performance, independentemente da profissão, sabem da importância de se imaginarem bem-sucedidas antes de alcançarem na realidade. Considere estes três exemplos. A lenda do boxe Muhammad Ali sempre enfatizou a importância de se visualizar vitorioso muito antes da luta real. Quando era um jovem ator em dificuldades, Jim Carrey costumava se imaginar o maior ator do mundo. O astro do basquete Michael Jordan sempre fazia o arremesso em sua mente antes de executá-lo. Esses ícones do alto desempenho, entre muitos outros, dominaram a técnica da visualização positiva e abertamente a creditam como uma tática de sucesso. A verdade é que, se você não consegue se imaginar atingindo uma meta, as chances são de que não conseguirá. Quanto mais vívida for a visualização, melhor funcionará para você".[5]

Vemos que os vendedores de baixo desempenho não se dão permissão para fazer esse salto. Em vez disso, permanecem ancorados a um passado que pode ser doloroso, decepcionante ou limitado... mas, pelo menos, é familiar. Aprenderam a lidar com isso. Secretamente, podem até gostar de reclamar de como é difícil sair de sua vida atual. Sempre há ouvidos dispostos a ouvir, amplificar e ecoar as canções da mediocridade. Essas pessoas afirmam querer algo melhor e se confortam na esperança de que, talvez, algum dia sua sorte mude. Mas, na realidade, elas se *acomodaram* e estão destinadas a comer, dormir, trabalhar e repetir. Podem nunca alcançar a verdadeira realização. Podem sempre se sentir insatisfeitas. O prêmio está além de seu alcance porque estão olhando na direção errada: para o passado, não para o futuro.

Também notamos, durante o processo de pesquisa, que muitos vendedores de baixo desempenho são praticantes da arte do autoengano. À primeira vista, eles nos disseram que seu motivador é um intenso medo de fracassar. Ainda assim, reconhecemos um padrão linguístico nas transcrições das entrevistas que revelou que o "medo do fracasso" é, na verdade, uma forma de desviar a atenção de uma verdade mais profunda. Parece que muitos vendedores de baixo desempenho têm medo de responsabilização.

Vamos retroceder e explicar isso. O fracasso é um conceito sem rosto, sem identidade. Como tal, as pessoas preferem vê-lo como algo que lhes acontece, fora de seu controle, em vez de uma manifestação das próprias atitudes, ações ou inações. É uma submissão ao destino, aos planetas, ao horóscopo diário – um hábito de serem passivos em vez de proativos. Não acreditar que se está no controle do resultado se torna uma desculpa para o fracasso.

Em um momento de honestidade crua, um vendedor comentou como pode ser terrível enfrentar o fracasso com uma sensação de responsabilidade corroendo por dentro: "Se não tiver sucesso, o fracasso sou eu. Não, obrigado!". No fundo, há uma sensação predominante de que qualquer fracasso é negativo, uma fonte de vergonha, ridículo e comparação, ou define uma pessoa como "quebrada" ou de pouco valor. Nesse grupo, não vimos praticamente nenhum reconhecimento de que o fracasso poderia ser uma referência para o aprendizado. O consenso era de que deveria ser evitado a todo custo. E a maioria fez questão de nos dizer que essa crença era uma virtude. Eles vestiam a camisa com orgulho.

De onde vem essa atitude? É diferente para cada um. Talvez, como crianças, tivessem pais rigorosos e exigentes e decidiram, como adultos, que nunca mais seriam pressionados. Talvez nunca tenham sido responsabilizados por completar tarefas e cresceram sem aprender a tentar, falhar, aceitar e evoluir. Alguns, criados em um mundo de conveniências instantâneas, podem desfrutar a colheita, mas não sabem nada sobre ganhá-la por meio de tentativa e erro. Aqueles cujo primeiro contato com a vida corporativa foi em uma cultura de perfeição sob pressão podem ficar horrorizados com a ideia de qualquer erro que possa causar perda de prestígio ou reputação.

Para essas pessoas, o fracasso é algo de que fogem, não é um companheiro familiar, e, como tal, seu valor como professor não é compreendido. Então, elas se agarram ao que conhecem, escondem seus erros, verificam tudo duas vezes e, quando o fracasso inevitavelmente chega, algumas desmoronam. Outras começam a atualizar o currículo. Algumas podem até manipular números, disfarçar os erros ou apontar o dedo para outra pessoa. É algo que implode no longo prazo, e outros podem ser pegos na zona de impacto.

Agora vamos fazer alguns cálculos. Se você trabalha em uma força de vendas de cem pessoas, pela lei das médias, cinquenta serão de alto desempenho e cinquenta de baixo desempenho. Descobrimos que o medo impulsiona aproximadamente 56% daqueles entre os de baixo desempenho, e 86% deles têm um medo específico de repetir fracassos passados, então evitam, desviam ou enganam. Com base nisso, uma força de vendas de cem pessoas terá, estatisticamente, 24 pessoas sustentando esse sistema de crenças. Isso equivale a 25% da força de vendas sendo conduzida a comportamentos autodestrutivos por crenças sombrias e derrotistas.

Uma atitude que se curva ao medo mata a criatividade e atrofia os músculos necessários para expandir limites. Pense por um momento que tipo de vendedor isso cria: alguém que fará ligações frias, prospectará clientes, fará follow-ups de leads, tentará um fechamento experimental ou pedirá a conclusão do negócio? Estará mais ou menos inclinado a pesquisar seus clientes e arriscar interpretar suas necessidades suficientemente bem para engajar-se em uma sessão produtiva de brainstorming ou em uma discussão verbal? Ou alguém mais propenso a fazer uma apresentação segura e preparada, de maneira geral, usando um slide ou um folheto?

A sua função de RH elimina pessoas com crenças autolimitantes durante o processo de recrutamento? Há procedimentos de triagem projetados para isso. Sabemos, com base em pesquisas, que uma força de vendas é mais eficaz quando composta de pessoas mais motivadas pelo desejo do que pelo medo. Em um mundo ideal, esse seria um aspecto a considerar ao selecionar novos candidatos. Porém, para os inúmeros vendedores já empregados, a boa notícia é que a crença autolimitante pode ser reprogramada. Ninguém precisa permanecer prisioneiro do sistema de crenças do passado.

Como certa vez escreveu Denis E. Waitley, um palestrante motivacional norte-americano: "A simples verdade é que nenhum sucesso foi alcançado sem falhas. O fracasso deve ser nosso professor, não nosso coveiro. Ele é um atraso, não uma derrota. É um desvio temporário, não um beco sem saída. O fracasso é algo que só podemos evitar se não dizemos nada, não fazemos nada e não somos nada".[6]

Thomas Edison realizou 10 mil tentativas até criar a lâmpada. Sua atitude era: "Eu não falhei 10 mil vezes. Eu não falhei nenhuma vez. Eu provei com sucesso que essas 10 mil formas não funcionarão".[7] James Dyson tentou 5.127 vezes antes de inventar o aspirador de pó que o tornou bilionário.[8]

Da mesma forma, 80% das vendas exigem cinco tentativas de follow-up, mas 92% dos vendedores desistem de um prospect após quatro rejeições e 44% deixam de tentar após uma única rejeição! J. K. Rowling, autora de *Harry Potter*, foi da pobreza à riqueza e, sobre isso, escreve: "O fracasso é muito importante. Falamos sobre sucesso o tempo todo. É a capacidade de... usar o fracasso que muitas vezes leva a um sucesso maior. Eu conheci pessoas que não querem tentar por medo de falhar".[9]

Portanto, o fracasso é aceitável, desde que não seja usado como desculpa para a mediocridade. Cada ano oferece 365 novos começos. Em qualquer manhã, o vendedor que tem aversão ao risco, está preso ao passado, teme a responsabilidade e apresenta baixo desempenho pode escolher enfrentar o futuro, assumir suas ações e se *transformar*.

O primeiro passo é visualizar um novo futuro que rompa com os antigos roteiros.

Em nosso grupo de pesquisa, 78% dos profissionais de baixo desempenho não tinham ideia do que realmente queriam da vida e da carreira de forma específica ou mensurável. Eles não estabeleciam metas.

A oportunidade aqui não é ignorar o medo do fracasso, mas controlá-lo e canalizar sua energia para definir e alcançar um novo destino. Ao fazer isso, você reduzirá a intensidade do medo e da incerteza e a substituirá pelo desejo de alcançar esse novo horizonte e se tornar melhor do que jamais imaginou ser possível.

MOTIVADOR DE JORNADA 2
EU QUERO SER MELHOR DO QUE JAMAIS IMAGINEI SER

Os resultados são importantes na profissão de vendas. Todos têm o mesmo objetivo: acompanhar potenciais clientes por diversas etapas até que troquem dinheiro por bens ou serviços. Mas alguns se destacam mais do que outros. O que faz a diferença?

Os vendedores de alto desempenho apresentam uma intensidade diferente de Motivador de Jornada em relação aos de baixo desempenho. Eles têm um destino em mente. Permitem-se ir além da média e tornar-se melhores do que antes acreditavam ser possível – por eles mesmos, pelos outros ou pelo que a experiência passada sugeria que fossem capazes. Eles acreditam que o sucesso, em suas diversas formas, traz realização. Portanto, um sucesso maior traz mais realização.

Louis Jordan, um de nossos Icônicos, resume perfeitamente essa mentalidade ao falar sobre o fracasso: "Acho que sempre existe, para mim, um medo de não alcançar as coisas por não ser criativo o suficiente para resolver algo. Uma decepção, para mim, seria, em retrospectiva, eu identificar uma oportunidade perdida de sucesso. Vou lhe dar um exemplo do que quero dizer: se estivesse despreparado e não demonstrasse empatia com as pessoas para quem estava apresentando algo e só percebesse isso mais tarde. Isso seria uma decepção. Eu teria medo. Por outro lado, uma missão fracassada para Marte não é algo que me amedronte. Permita-se receber orientação desde o início. Ter um *coach* é uma força, não uma fraqueza. Descubra o que você precisa saber e, então, saiba. Faça isso o mais rápido que puder".

Observe que Louis interpreta o fracasso como uma decepção consigo mesmo por não ter sido o melhor que poderia ser. Somos o que fazemos repetidamente. Excelência não é um ato, mas um ritual que praticamos sempre, de formas pequenas e grandes. Dia após dia, passo a passo, você pode melhorar qualquer aspecto da sua vida. Experimente responder a esta pergunta:

O que devo fazer para que, quando for dormir hoje à noite, eu seja uma versão melhor de mim do que quando acordei esta manhã?

Os vendedores de baixo desempenho sentem-se ameaçados por essa pergunta, pois implica que mudanças são possíveis e que a responsabilidade pessoal é necessária. No entanto, é uma pergunta que os melhores profissionais fazem a si mesmos diariamente.

Eles começam examinando os diferentes papéis que desempenham na vida e as ações necessárias em cada um. Por exemplo, você pode desempenhar os papéis de vendedor, pai, filho e amigo. Ou pode ser gerente, filha, irmã e voluntária. Cada papel é um aspecto da sua vida multifacetada, e todos precisam ser gerenciados e equilibrados para que você se sinta centrado e realizado.

Você já escreveu cada papel que desempenha como um título em páginas separadas de um caderno? Que tal reservar um tempo, todos os dias, para escrever metas para cada papel? Se ainda não faz isso, é simples começar, agora mesmo, hoje. Encontre um lugar tranquilo onde possa pensar. Desligue seus dispositivos eletrônicos. Use esse tempo para anotar o que é verdadeiramente importante para você em cada aspecto da sua vida e elabore planos para alcançar essas metas. Então, ao atingi-las, escreva novas metas e continue avançando. Permitir-se dedicar apenas dez minutos por dia a esse ritual pode fazer uma diferença enorme. Fazer isso será o início de um novo e poderoso hábito. Aquilo em que você pensa com mais frequência é no que se torna.

Descobrimos que 88% dos vendedores de baixo desempenho demonstraram, em suas respostas nas entrevistas, uma subcrença de que outras pessoas eram melhores, mais sortudas, mais privilegiadas, nasceram no lugar certo ou sempre recebem as melhores oportunidades. Isso se chama Complexo de Inferioridade e é descrito pelos psicólogos como uma sensação irreal de inadequação geral causada por uma inferioridade real ou suposta em alguma área. Pode se manifestar na forma de comportamentos abertamente hostis ou passivo-agressivos em relação aos outros.

O mantra negativo retrata o sucesso como algo que apenas outras pessoas podem desfrutar. É autolimitante. Esse é um sistema de crenças que os melhores profissionais destroem; pois, como o psicólogo e autor Henry C. Link (1889–1952) comenta, "enquanto uma pessoa hesita porque se sente inferior, outra está ocupada cometendo erros e se tornando superior".[10]

* * *

Os vendedores bem-sucedidos com quem conversamos tinham todos um objetivo em comum: desejavam ser melhores do que jamais imaginaram. Para atingir isso, era necessária uma honestidade brutal. Eles precisavam encarar a verdade sobre si mesmos. Um deles disse: "Pode ferir o ego admitir que você não é tão bom quanto gostaria de ser. Mas é preciso pegar a marreta e desmontar a vida que você tem hoje. Isso invariavelmente envolve sacrifícios pessoais. É preciso trocar as crenças e os comportamentos que o impedem de avançar por novos que o aproximem da realização".

Um de nossos vendedores icônicos, Justin Stone, da J. P. Morgan, explicou o que realização significa para ele: "No início da minha carreira, eu só queria o próximo cheque de comissão, as próximas férias, minha casa. Conforme conquistei essas coisas, minha definição de realização mudou. Agora que tenho esposa, filho e mais segurança, penso no legado que deixarei para os outros. O que me fazia feliz aos 30 anos não é o que me faz levantar da cama hoje. Para obter clareza, contratei um excelente *coach*. Gostaria de ter feito isso muito antes. É saudável fazer um diagnóstico pessoal, verificar os freios, trocar o óleo e redefinir o GPS, como se faz com um carro".

A história de Justin pode ressoar em você. O que o fazia feliz na juventude não o satisfez mais tarde, pois ele já havia alcançado seus objetivos iniciais. E, enquanto mantinha essas conquistas, adicionou novas metas. Sua capacidade de realizar aumentou. A tela em que pintava a própria vida se expandiu.

Apesar do sucesso, Justin permaneceu com os pés no chão, mantendo um medo moderado de falhar. Sim, até mesmo os de alto desempenho temem o fracasso, mas, diferentemente dos de desempenho baixo, esse não é seu paradigma dominante. Eles *equilibram* o medo do fracasso com o desejo de se destacar. Sem esse equilíbrio, as pessoas se sentem invulneráveis, como se não tivessem nada a perder ou a provar. Isso pode levar a comportamentos arrogantes, imprudentes ou egoístas.

De fato, os 5% de desempenho *mais baixo* não agem como tal, mas como uma versão extrema dos de alto desempenho. Como lobos de Wall Street, esses vendedores exibem um enorme apetite e desejo, mas não sentem medo algum. É aí que o excesso de algo bom se torna um problema. O comportamento deles cria lacunas e compromissos que só podem ser mantidos por um tempo até que a estrutura desmorone. Nossas descobertas são consistentes com a *Harvard Business Review*, que classifica esses tipos de executivos como "Cirurgiões". Uma pesquisa publicada por Hill, Mellon, Laker e Goddard (2016) concluiu que "os Cirurgiões são tanto decisivos quanto incisivos... gostam de vencer e acreditam firmemente que essa vitória virá se você estiver em forma, treinar duro e tiver a atitude certa". Mas eles quebram regras, assumem riscos e não reconhecem limites; são uma lei em si mesmos. Focam apenas o aqui e agora, e não têm tempo para olhar para mais nada. Podem aparentar controle, mas causam mais problemas do que resolvem.[11]

A perspectiva de Louis Jordan sobre realização e sucesso é reveladora: "Acho o conceito de realização bastante difícil porque é um pouco como saltar de ilha em ilha no Caribe. Quando você pensa ter encontrado o mar mais bonito, com o melhor mergulho e as palmeiras mais sombreadas, percebe que a próxima ilha pode ser um pouco melhor. Então, enquanto você pode estar feliz na ilha A, sempre existe a atração pela ilha B. A diferença entre sucesso e realização é que a ilha A é o sucesso, mas a ilha B é a antecipação do que vem a seguir. Talvez a realização seja algo que está sempre ao alcance dos dedos".

Louis continua: "Não tinha um plano grandioso ao sair da universidade, mas havia uma ambição com objetivos. Minha meta era ter o máximo de liberdade para escolher. Queria fazer parte de algo de que eu gostasse e no qual fosse bom. Isso precisava envolver criar e ser parte de algo digno. Também tinha que ter integridade; uma coisa que eu não tivesse medo de defender. Nunca pensei de outra forma. Crescendo no nordeste da Inglaterra, vi pessoas sem opções perderem seus empregos; e, quando isso acontecia, perdiam sua renda e escolhas. Isso provavelmente me fez pensar que deve haver um design melhor para a vida, para o sucesso e para a realização. Sempre vi o dinheiro como um meio para realizar coisas, mas olhar os extratos bancários não me traz emoção".

Parece que a chave para o sucesso está na moderação: a medida certa de desejo e de medo. É assim que os vendedores de alto desempenho avançam. Como um foguete na plataforma de lançamento, se você não aplicar força suficiente, a gravidade o manterá no chão. Mesmo após a decolagem, se não aplicar força suficiente, a gravidade o puxará de volta. Sempre há duas forças opostas em jogo. No caso da realização, são o impulso (desejo) versus a gravidade (medo).

Quando você as calibra de forma que o desejo seja mais forte que o medo, alcança altitudes maiores. Não quer subir rápido demais, ou o módulo pode se despedaçar. Não quer subir muito devagar, ou não atingirá a velocidade de escape. Astronautas equilibram a ascensão do foguete com a trajetória e a velocidade corretas para alcançar o espaço.

Em nossa pesquisa, analisamos os traços comportamentais consistentes em cada transcrição de entrevista e no perfil de análise comportamental correspondente para este grupo. Eis o que encontramos:

COMPORTAMENTOS OBSERVADOS COM MAIOR FREQUÊNCIA

1. Entusiasta/Otimista
2. Amante da diversão/Bem-humorado
3. Sentido de aventura/Emoção pelo desconhecido
4. Energético/Próspero
5. Competitivo/Mentalidade vencedora

Os vendedores impulsionados pelo Motivador de Jornada do desejo aceitam o fracasso *e* reconhecem que suas carreiras incluem altos e baixos, picos e vales. Publílio Siro, o antigo escritor latino de máximas morais, disse: "É tolice temer o que não se pode evitar". Aqueles que incorporam este Motivador de Jornada veem a realização como o prazer de surpreender a si mesmos, de provar a si mesmos e aos outros que foram mais longe do que qualquer um poderia imaginar.

O icônico vendedor Dilip Mailvaganam, da Microsoft, nos disse: "Grande parte da minha experiência vem de start-ups, e essa é minha verdadeira paixão. Tudo depende de você. São muitas pequenas empresas dentro de uma grande organização. Sempre tive a tendência de querer assumir as coisas sozinho, mas é importante deixar que outros ajudem, especialmente em uma equipe global. Toda a cultura da Microsoft está começando a mudar porque eles, assim como eu, acreditam que a vida é falhar para aprender".

A descrição de Dilip sobre a cultura da Microsoft em sua divisão é indicativa de uma equipe de vendas de alto desempenho. As pessoas dessa equipe aceitam que o fracasso é inevitável, então estão sempre olhando para a frente e não se acomodam. Serem melhores do que imaginavam ser possível é uma paixão de vida.

Identificamos paixão em todo vendedor que buscava o objetivo de realização por meio do Motivador de Jornada de ser melhor do que jamais pensaram ser possível. Essa paixão nem sempre estava relacionada ao trabalho. Os melhores vendedores também têm paixões pessoais.

Tom Cunliffe, COO da Toshiba, é um ciclista habilidoso. Phil Benton, diretor de vendas da Adidas, é um talentoso jogador de hóquei. Erica Feidner, que a revista *Inc.* apelidou de "uma das dez maiores vendedoras de todos os tempos" em 2011, é uma pianista de nível mundial.

Nem toda paixão é pública. Alguns profissionais de alto desempenho são jardineiros habilidosos, genealogistas prolíficos, voluntários leais ou leitores ávidos.

O que é paixão e como ela se diferencia de um interesse passageiro? Paixão é algo sem o qual você não pode viver. Quando falta em sua vida, sente-se um vazio que corrói. Você constantemente deseja estar fazendo, vivendo, sendo ou tendo aquilo. Se você leu o livro *Talk Like TED*,[12] já deve estar familiarizado com a pergunta: "O que faz seu coração cantar?". Nós a usamos em nossos processos de coaching e recebemos respostas incríveis!

Paixão é o que tira os profissionais de alto desempenho da cama todas as manhãs. O medo é o que tira os profissionais de baixo desempenho da cama. Considere como é acordar com paixão, com o coração cantando. Agora pense em como é acordar com medo. O que o motiva faz diferença no seu desempenho.

Não estamos dizendo que sua paixão deve ser exclusivamente relacionada à venda. De fato, nenhum dos vendedores icônicos que entrevistamos declarou que vender era sua paixão pessoal. Mas todos eram apaixonados por *algo*. A capacidade de sentir e se comprometer profundamente fazia parte de sua constituição emocional, e isso faz uma diferença substancial na maneira como se dedicam à vida e à carreira.

Você pode estar se perguntando se é verdade que *apenas* os melhores desempenhos demonstraram paixão por algo. O fato é que cerca de 10% dos profissionais de baixo desempenho declararam ter uma paixão. No entanto, parece que essa paixão era usada quase como uma forma de escapismo, em vez de algo que gerava energia positiva canalizada para o sucesso profissional. No final, tudo se resume à nossa escolha. Podemos escolher escapar do nosso papel de vendas ou canalizar nossa paixão para alcançar aquela "velocidade de escape". Estes são, obviamente, dois resultados muito diferentes. Quando você se concentra nas coisas pelas quais é apaixonado, é mais provável que tente recriá-las na sua vida mais ampla. A sensação é boa, então por que não ser melhor do que jamais imaginou que poderia ser?

* * *

Nas próximas páginas, você encontrará algumas reflexões sobre realização. Encontre um lugar tranquilo, contemple as perguntas e escreva suas respostas. Fazer isso dará início à jornada de aplicação de o *Código secreto do vendedor.* Em seguida, apresentamos percepções adicionais sobre realização, compartilhadas pelos Icônicos que entrevistamos em todo o mundo para nossa pesquisa.

MINHA REVISÃO DE REALIZAÇÃO

Pergunta 1. Qual medo me limita e qual impacto isso tem?
_____
_____
_____

Pergunta 2. Quais avanços eu gostaria de alcançar? O que está me impedindo?
_____
_____
_____

Pergunta 3. Que desejos me motivam?
_____
_____
_____

Pergunta 4. O que é sucesso e realização para mim?
_____
_____
_____

Pergunta 5. Para que eu me sinta realizado, o que precisa acontecer?
_____
_____
_____

PERCEPÇÕES ADICIONAIS DE REALIZAÇÃO DOS VENDEDORES DE ALTO DESEMPENHO

1. Decida o que "faz seu coração cantar", aquilo pelo qual você é mais apaixonado, o que o faz sair da cama pela manhã e continuar trabalhando até tarde. Isso define o seu propósito.

2. Escolha qual "marca pessoal" você quer que as pessoas usem ao descrevê-lo para os outros. Jeff Bezos, fundador e CEO da Amazon, disse: "Sua marca é o que as pessoas dizem a seu respeito quando você não está na sala".

3. Transforme a adversidade em algo positivo, seja uma crise econômica, uma ameaça competitiva, um mercado em retração ou a política do escritório. Perseguir uma boa oportunidade faz você agir de maneira diferente do que quando está evitando uma consequência ruim. Veja o copo meio cheio, não meio vazio.

4. Dê a si mesmo a chance de se destacar na multidão. Estude, eduque-se, adquira novos conhecimentos e habilidades. O fato de você estar lendo este livro já mostra que é uma pessoa curiosa. Aproveite essa curiosidade; demonstre que se respeita.

5. Identifique um modelo de referência aspiracional. Se essa pessoa estiver na sua rede pessoal, organize um encontro e pergunte como ela supera o medo e as subcrenças limitantes. Se estiver fora da sua rede, siga seus blogs, artigos e notícias.

6. Se você trabalha com vendas estratégicas que demoram para se concretizar, estabeleça metas de curto prazo para celebrar pequenas conquistas no caminho até a grande vitória. Isso mantém altos os níveis de motivação.

7. Além de suas metas de negócios, defina objetivos pessoais toda semana e se recompense por alcançá-los.

O QUE SE PASSA NA MENTE?

O psicólogo diz...
Realização não é um conceito novo no mundo das ciências sociais. Na verdade, na década de 1950, o psicólogo americano Abraham Maslow estudou a *hierarquia das necessidades* humanas e o que nos motiva a fazer o que fazemos todos os dias. Maslow descobriu que uma necessidade influencia as atividades de uma pessoa até que seja satisfeita. Há cinco necessidades humanas fundamentais e, à medida que cada uma é satisfeita, deixa de motivar. As necessidades mais básicas (como alimento, abrigo, calor, segurança) devem ser atendidas primeiro, antes que as superiores possam servir de motivação. A necessidade mais elevada identificada pela teoria de Maslow é a autorrealização, também conhecida como autossatisfação.[13]

A autossatisfação refere-se à necessidade de crescimento pessoal e descoberta que está presente ao longo de toda a vida de um indivíduo. Para um vendedor, isso pode impulsionar o desejo de ser o melhor dos melhores e de atingir metas pessoais e objetivos de negócios. Ao fazer isso, ele satisfaz as próprias necessidades e, por sua vez, realiza suas capacidades. É importante dedicar algum tempo para descobrir o que realmente o motiva como indivíduo a trabalhar em direção à realização. Isso ajuda a contrabalançar os inevitáveis sentimentos de incerteza e medo do fracasso que todos nós enfrentamos de vez em quando. É raro encontrar alguém que acorde de manhã e diga a si mesmo: "Hoje, vou ser péssimo no que faço!". Os seres humanos querem ter sucesso. O segredo é garantir que a mentalidade positiva de autorrealização prevaleça com mais frequência do que a negativa e inibidora. O que o motiva mais profundamente? Por que você faz o que faz? Quando usado de modo correto, esse é uma percepção poderosa para gerentes de vendas e líderes. Técnicas motivacionais podem ser usadas para ajudar cada vendedor a se sentir realizado. Elas variam desde recompensas monetárias óbvias, passando por novas oportunidades de aprendizado, reconhecimento pessoal, até a sensação de pertencer a uma equipe maior e bem-sucedida, entre outros. Compreender a jornada de cada pessoa rumo à autorrealização ajuda gerentes e vendedores a focarem a motivação de forma mais eficaz, aumentando a probabilidade de que ambas as partes fiquem satisfeitas com a conquista de suas ambições, metas e objetivos comerciais e pessoais.

A ÚLTIMA PALAVRA SOBRE REALIZAÇÃO

O elefante e a corda
No belo e verdejante Sri Lanka, nas montanhas, ao longo da estrada para Kandy, encontra-se um orfanato de elefantes. Os animais são bem cuidados e tratados com gentileza e respeito.

Os visitantes, de quem o orfanato depende para a maior parte de sua renda, são incentivados a entrar em uma clareira na floresta para tocar e acariciar as magníficas criaturas. De perto, os elefantes parecem incrivelmente sábios.

O visitante mais atento pode notar que cada elefante tem uma pequena corda amarrada frouxamente em torno de um dos tornozelos. Eles podem se libertar a qualquer momento, pois a corda não tem força suficiente para contê-los. O motivo disso é que, quando os elefantes são jovens, os cuidadores utilizam a mesma corda, que é forte o bastante para segurá-los. Quando chegam à idade adulta, eles ainda acreditam que a corda pode contê-los e, por isso, nunca tentam se libertar.

CRENÇA DE DESTINO
EU ME SINTO MAIS REALIZADO QUANDO SOU BEM-SUCEDIDO (REALIZAÇÃO)

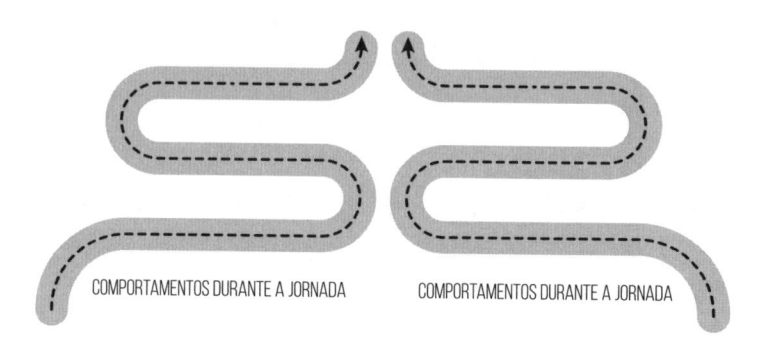

COMPORTAMENTOS DURANTE A JORNADA   COMPORTAMENTOS DURANTE A JORNADA

| ALTO 100% | | 38% | EQUILIBRADO 0% | 62% | | ALTO 100% |

ESPECTRO DE INTENSIDADE

MOTIVADOR DE JORNADA 1
Eu preciso vencer porque tenho medo de fracassar
(Medo)

MOTIVADOR DE JORNADA 2
Quero ser melhor do que jamais pensei que poderia ser
(Desejo)

100% dos vendedores revelam que o medo é um motivador em algum grau, mas sua prevalência varia entre os de alto desempenho e os de baixo desempenho.

100% dos vendedores de alto desempenho são movidos pelo desejo de forma mais intensa do que pelo medo. Eles estão constantemente se avaliando em relação a um objetivo pessoal de progresso: serem os profissionais de vendas mais competentes e produtivos que podem ser.

Como um foguete na plataforma de lançamento, se você não aplicar impulso suficiente, a gravidade vai mantê-lo no chão. Mesmo após a decolagem, se não aplicar impulso suficiente, a gravidade fará com que volte para baixo. Sempre há duas forças opostas em ação.

No caso da realização, é o impulso para cima (desejo) contra a gravidade (medo). Quando organiza essas forças de modo que o desejo seja mais forte que o medo, você alcança uma altitude maior. Você não quer entrar em órbita muito rapidamente, ou o módulo pode se desintegrar. Também não quer subir muito devagar, ou não atingirá a velocidade de escape. Astronautas mantêm a ascensão do foguete equilibrada com a trajetória e velocidade corretas para que a nave alcance a atmosfera.

56% dos vendedores de baixo desempenho são impulsionados pelo medo do fracasso, e 86% destes têm um medo específico de repetir falhas passadas, por isso eles as evitam, desviando delas ou enganando alguém.

78% dos vendedores de baixo desempenho não tinham ideia do que realmente queriam da vida e da carreira em termos específicos ou mensuráveis. Eles não eram pessoas que estabeleciam metas.

Os 5% de vendedores com os piores resultados entre os de baixo desempenho não agem como tal, mas como uma versão extrema de vendedores de alto desempenho. Como lobos de Wall Street, exibem um enorme apetite e desejo, mas não sentem medo algum.

CAPÍTULO TRÊS

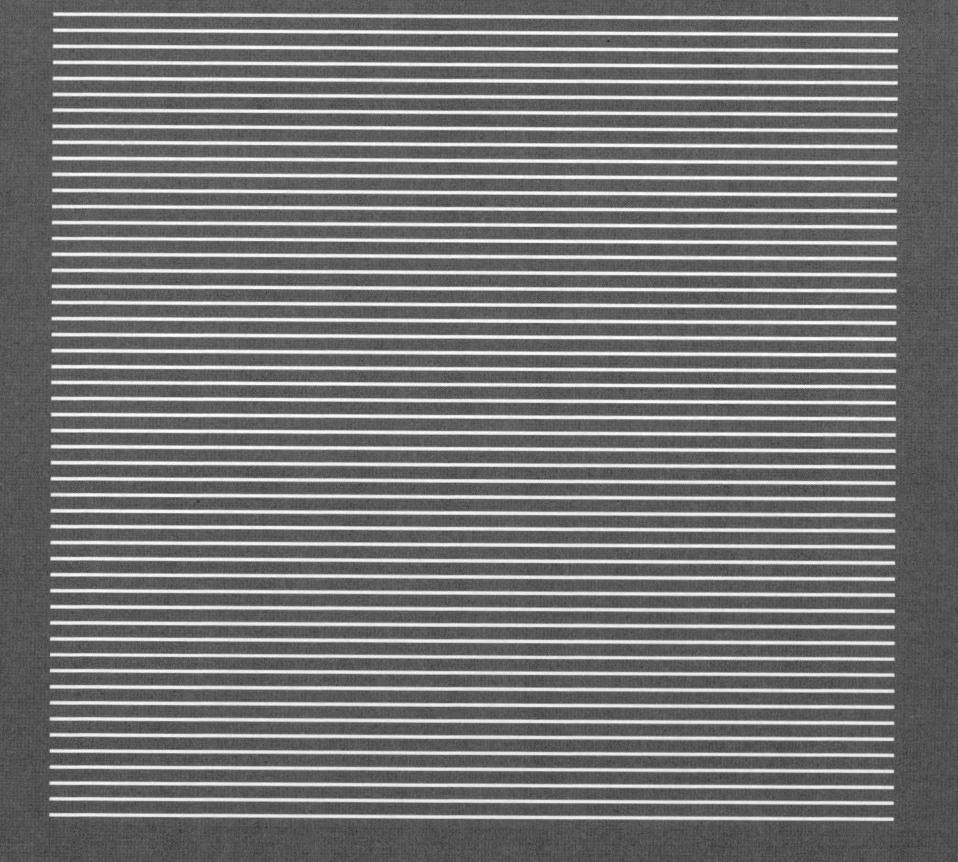

CONTROLE

CRENÇA DE DESTINO
O SUCESSO É SEMPRE ATRIBUÍDO A ALGO OU ALGUÉM (CONTROLE)

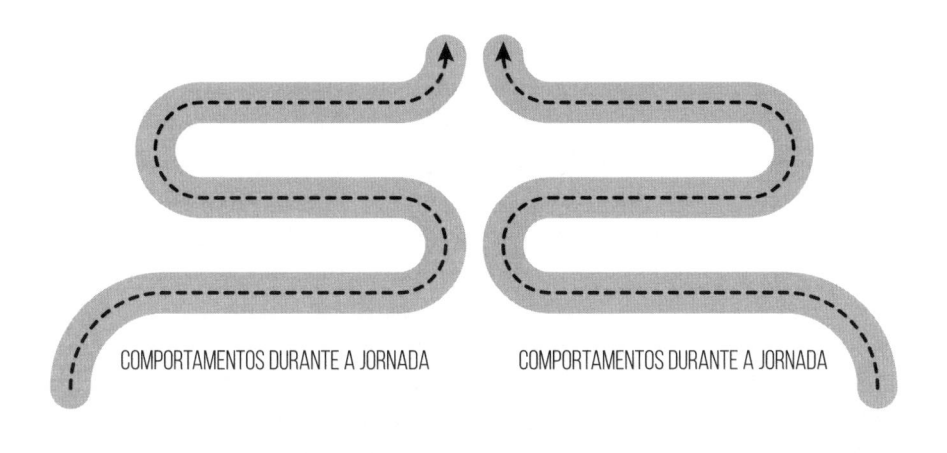

COMPORTAMENTOS DURANTE A JORNADA | COMPORTAMENTOS DURANTE A JORNADA

ALTO — EQUILIBRADO — ALTO
ESPECTRO DE INTENSIDADE

MOTIVADOR DE JORNADA 1
Exerço controle só até
certo ponto (Vítima)

MOTIVADOR DE JORNADA 2
Sou responsável pelo
meu próprio destino (Herói)

Os vendedores compreendem o conceito de controle, a Crença de Destino do código. Eles acreditam que o sucesso se deve a alguém ou algo. Por isso, avaliam onde desejam estar no futuro, onde estão hoje, qual lacuna precisam preencher e quais forças podem ajudá-los ou atrapalhá-los na busca por seus objetivos. Os profissionais de alto desempenho demonstram um forte senso de autorresponsabilidade pelo sucesso e pelo fracasso, raramente transferindo a culpa. Quando o fracasso ocorre, não culpam a economia, leads fracos de vendas ou a política de preços. Eles assumem o problema e aprendem com ele, enxergando no fracasso um desvio temporário, não o destino – algo de que tiram lições que serão aplicadas na próxima oportunidade.

Ao longo de nossos dois grupos de vendedores – sendo que, em cada empresa participante, o Grupo 1 incluía os vendedores com melhor desempenho e o Grupo 2 os de pior desempenho –, identificamos dois Motivadores de Jornada opostos.

O Motivador de Jornada 1 afirma que nem todos os resultados podem ser garantidos. Ele sustenta que o controle vai até certo ponto. Em parte, isso ecoa Helmuth von Moltke, o comandante militar prussiano do século XIX que inovou ao desenvolver métodos mais modernos de comandar tropas em campo. Parafraseando von Moltke: "Nenhum plano de batalha sobrevive ao primeiro contato com o inimigo".[14] Ou, como o boxeador Mike Tyson colocou de forma mais visual: "Todo mundo tem um plano até levar um soco na cara".[15] No entanto, quando se trata de vendedores com alta intensidade nesse Motivador de Jornada, o pragmatismo vem acompanhado de certa reticência. Eles parecem hesitar em se comprometer *completamente*, pois, no fundo, temem que seus esforços não resultem em sucesso e se reservam o direito de dizer a si mesmos que não foram ingênuos por acreditar de modo tão intenso. Em resumo, chamamos esse Motivador de Jornada de mentalidade de vítima: um viés que molda a percepção das pessoas em relação a quão pouco controle exercem sobre qualquer situação, quanto se esforçam para moldar seu destino antes de desistirem e com que facilidade permitem que outros (como clientes ou gerentes de vendas) assumam o comando de uma discussão.

O Motivador de Jornada 2 para controle reflete plena propriedade e responsabilidade pelos resultados. Ele diz: Sou responsável pelo meu destino. Isso é muito corajoso. Como Sigmund Freud, o pai da psicologia moderna, escreveu: "A maioria das pessoas não quer realmente liberdade, porque liberdade envolve responsabilidade, e a maioria das pessoas tem medo da responsabilidade".[16] Ainda assim, os vendedores que sustentam esse Motivador de Jornada enxergam a responsabilização total como a única verdadeira garantia de obter ou manter o controle com a liberdade e as recompensas que isso acarreta. Em resumo, chamamos esse Motivador de Jornada de mentalidade de herói.

À primeira vista, os dois Motivadores de Jornada parecem diametralmente opostos: um posiciona o vendedor na linha de frente pelos resultados, o outro o exime. Mas há mais nuanças na maneira como os profissionais de alto desempenho os interpretam.

Quando tais profissionais ouvem a voz interna do Motivador de Jornada 1 dizendo "Exerço controle só até certo ponto", começam a processar quanto de risco estão dispostos a tolerar e criam uma lista mental das ações necessárias para mitigá-lo. Não conseguem evitar. É uma resposta automática de "eu consigo", enquanto se preparam para agir. Já os profissionais de baixo desempenho abordam a situação como se o copo estivesse meio vazio, reduzindo suas expectativas sobre o que é possível e se desculpando emocionalmente por resultados abaixo da média... por precaução.

Estes são níveis diferentes de confiança no resultado: um leva o vendedor a agir (Herói), o outro permite que o vendedor seja apenas um coadjuvante (Vítima).

Quando os profissionais de alto desempenho ouvem o Motivador de Jornada 2 sussurrando "Sou responsável pelo meu destino", isso funciona como um grito de guerra libertador e energizante que desperta seu instinto aventureiro, ou os enche de coragem, ou aciona seu alerta para oportunidades, criando o melhor destino possível e assumindo o crédito pelo resultado. Em contrapartida, os de baixo desempenho ouvem o mesmo sussurro e interpretam sua intenção de maneira muito diferente. Eles não confiam nessa voz interna. Sua reação é temer que estejam sendo preparados para levar a culpa por algo. "Responsável" se traduz em "você não poderá apontar o dedo para outra pessoa". "Destino" se traduz em "preso em uma arapuca".

Exploramos a possibilidade de um Motivador de Jornada ser mais produtivo que o outro. Nossa pesquisa mostra que os vendedores precisam de ambos, mas não na mesma proporção. Todos os vendedores de alto desempenho apresentaram o Motivador de Jornada do herói com mais intensidade do que o da vítima.

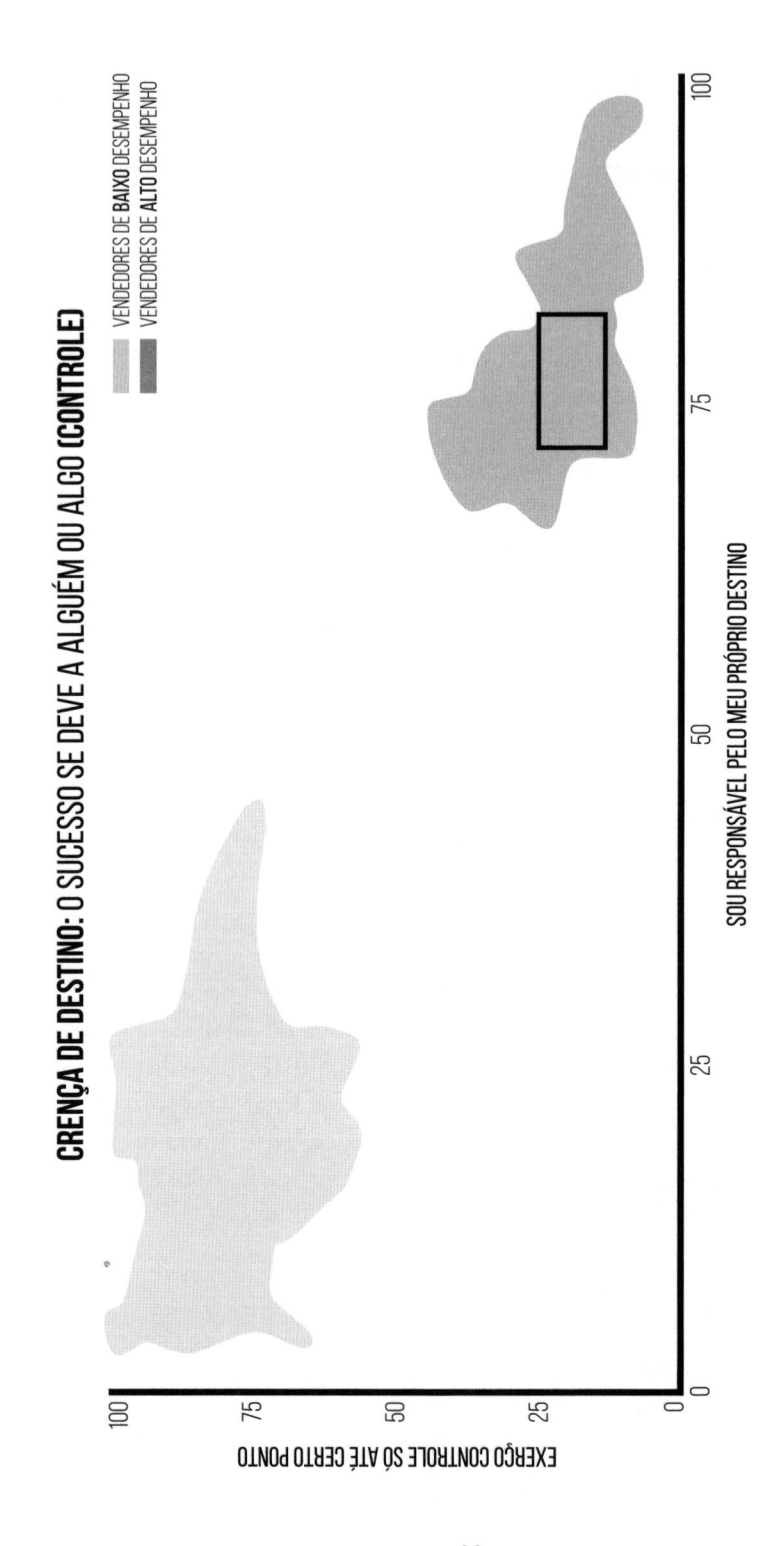

CRENÇA DE DESTINO: O SUCESSO SE DEVE A ALGUÉM OU ALGO (CONTROLE)

VENDEDORES DE **BAIXO** DESEMPENHO
VENDEDORES DE **ALTO** DESEMPENHO

EXERÇO CONTROLE SÓ ATÉ CERTO PONTO

SOU RESPONSÁVEL PELO MEU PRÓPRIO DESTINO

FIGURA 3

Distribuição dos Motivadores de Jornada para controle

Conforme mostrado na Figura 3, nossa pesquisa conclui que a posição ideal para a Crença de Destino de controle é 78% de responsabilidade interna (o herói agindo sobre os eventos, no eixo horizontal) e 22% de responsabilidade externa (a vítima sendo afetada, no eixo vertical). Esse posicionamento ideal é indicado pelo retângulo. A posição desse agrupamento compactado confirma que os melhores vendedores apresentam ambos os Motivadores de Jornada, mas o do herói é três vezes mais poderoso que o da vítima em profissionais de alta performance.

Com evidências empíricas de que os 5% melhores vendedores têm isso em comum, vamos explorar agora como você pode adotar o mesmo sistema de crenças.

MOTIVADOR DE JORNADA 1
EXERÇO CONTROLE SÓ ATÉ CERTO PONTO (VÍTIMA)

Cinquenta por cento dos entrevistados acreditam exercer uma janela limitada de controle sobre suas vendas, carreira, vida ou sobre outras pessoas. Eles sentem que se conhecem bem o suficiente para identificar seus pontos fortes e os aspectos nos quais ainda têm dificuldades. Utilizam esse autoconhecimento para viver dentro das linhas, onde tudo é seguro, familiar e manejável.

Os vendedores que têm este Motivador de Jornada com alta intensidade sentem-se poderosos – até sortudos – em um território familiar, mas muitas vezes impotentes em um ambiente novo. Jogadores de tênis, squash e basquete referem-se à "vantagem de jogar em casa" quando competem em um local que conhecem e com o qual estão confortáveis. A cultura chinesa dedica atenção ao conceito de Feng Shui, em que a localização influencia o fluxo de energia de uma pessoa, o que, por sua vez, afeta o desempenho e o sucesso em sua vida pessoal e profissional.[17]

Independentemente de você acreditar ou não em energia invisível, ouvimos gerentes de contas explicarem como ser designado a um novo local os deixou em desvantagem, alterou sua energia e retirou seu controle, de modo que o fracasso inevitável não era culpa deles. "Quando estou no tipo certo de conta, sou excelente", disseram. "Mas agora que fui transferido para a conta errada, não consigo atingir minha meta."

As palavras "errado" e "não consigo" revelam uma mentalidade fixa, onde o fracasso é tratado como algo inevitável. Se as circunstâncias não se alinham exatamente como desejam, algumas pessoas que se veem como vítimas acreditam que perderam o controle e não podem recuperá-lo. Elas desistem, jogam as mãos para o alto, arrumam suas coisas e vão embora. Porém, como diz o ditado, "a miséria adora companhia". Assim, é comum que essas vítimas confessem suas frustrações de desamparo aos colegas, temperando seus relatos de infortúnio com uma dose suficiente de autenticidade para que outros comecem a questionar se também são afetados pelas mesmas "deficiências" nos sistemas, procedimentos ou técnicas de gestão da empresa. É assim que os vermes de uma maçã podre podem estragar todo o barril.

Richard Bach, ex-piloto da Força Aérea dos Estados Unidos e autor best-seller do *New York Times*, conhecido por obras como *Ilusões*, *A ponte para o sempre* e *Fernão Capelo Gaivota*, certa vez observou: "Se nunca for nossa culpa, não poderemos assumir responsabilidade. Se não pudermos assumir responsabilidade, seremos sempre vítimas".[18] Evitar a responsabilidade por nossas ações promove a mediocridade e impede o crescimento, tanto pessoal quanto profissional.

Você já ouviu algum vendedor que não alcançou a meta dizer: "Minha cota é muito alta", "A estratégia de preços está errada", "Os leads são fracos" ou "O produto está ultrapassado"? Essas pessoas estão assumindo responsabilidade pelos resultados ou agindo como vítimas?

E quanto à última vez que você perdeu uma venda potencial? Consegue identificar o momento exato em que ela escapou? Foi algo fora de seu controle, como uma vítima das circunstâncias, ou talvez um planejamento mais cuidadoso, uma preparação mais caprichada, maior curiosidade, uma taxa de chamadas mais alta, mais escuta, maior assertividade ou um acompanhamento mais rápido poderiam ter garantido sua comissão?

Ao explorar este Motivador de Jornada, o que surpreendeu nossos pesquisadores foi que a maioria dos vendedores de baixo desempenho nem sabe que tem baixo desempenho. Eles se consideram entre as pessoas mais iluminadas: almas corajosas, otimistas, industriosas e destemidas, privadas da grandeza apenas pelos erros de outras pessoas ou por uma reviravolta desfavorável do destino.

Foi o que aconteceu com o aspirante a ladrão de bancos McArthur Wheeler, que tentou roubar dois bancos em Pittsburgh, em 1995.[19] Ele acreditava ter um disfarce à prova de falhas ao pintar o rosto com suco de limão, já que sabia que este era um dos principais ingredientes da tinta invisível. Desde que não passasse sob uma luz ultravioleta ou perto de uma fonte de calor, Wheeler estava convencido de que as câmeras de segurança do banco não capturariam sua imagem. Ele ficou genuinamente perplexo quando a polícia o prendeu poucas horas após o crime.

Charles Darwin observou, em 1871: "É comum que a ignorância gere mais confiança do que o conhecimento".[20] Foi, portanto, a certeza absoluta de Wheeler no sucesso, contrariando todas as leis físicas conhecidas, que inspirou os psicólogos David Dunning, da Cornell University, e Justin Kruger, da Stern School of Business, a estudarem este tipo de mentalidade. Eles notaram que, quando as pessoas são incompetentes, sofrem um duplo fardo: não apenas chegam a conclusões falsas e tomam decisões ruins, mas sua incompetência também as impede de enxergarem a si mesmas como realmente são, negando-lhes o necessário "despertar para a realidade".

A pesquisa de Dunning e Kruger foi publicada em 1999 no *Journal of Personality and Social Psychology*, com o título "Unskilled and Unaware of It: How Difficulties in Recognizing One's Own Incompetence Lead to Inflated Self-Assessments"[21] [Incompetente e inconsciente disso: como as dificuldades em reconhecer a própria incompetência levam a autoavaliações infladas]. Em 2005, a *Harvard Business Review* publicou um artigo sobre o estudo, intitulado de forma sucinta: "Those Who Can't, Don't Know It".[22] [Aqueles que não são capazes não sabem disso]. As conclusões mostram que pessoas incompetentes não atingem a maioria dos padrões estabelecidos para elas, encontram desculpas para a própria incompetência e não reconhecem competências superiores em outras pessoas. Atravessam a vida teimosamente alheias à sua real condição.

Em quatro estudos distintos, os sujeitos de teste de Dunning e Kruger superestimaram de forma grosseira suas habilidades: em testes de gramática, lógica e humor, tiveram uma pontuação baixa, no 12º percentil, mas acreditavam estar no 62º. Essa discrepância foi associada a déficits em habilidade metacognitiva, ou a capacidade de distinguir precisão de erro. Assim, o fracasso nunca era culpa deles – era o mundo que os colocava em desvantagem. Esta é a base psicológica do Motivador de Jornada da vítima.

Os traços de comportamento consistentes em todas as transcrições de entrevistas e no perfil comportamental correspondente para pessoas que apresentam o Motivador de Jornada da vítima, com foco em controle, estão listados a seguir.

COMPORTAMENTOS OBSERVADOS COM MAIOR FREQUÊNCIA
1. Entusiasmado/Impaciente
2. Agressivo
3. Personalidade energética/Poderoso
4. Otimista
5. Ousado/Destemido

Os psicólogos da nossa equipe descobriram que essas pessoas são indivíduos decididos, orientados por tarefas, com alto nível de otimismo e personalidade. Definitivamente não soa como uma vítima que apresenta baixo desempenho! Essa é uma das razões pelas quais descobrir o código secreto do vendedor é tão importante. Por si só, avaliações de personalidade e testes psicométricos fornecem uma estrutura fantástica para entender amplos tipos comportamentais, mas não revelam todas as crenças subjacentes.

Por exemplo, imagine um vendedor que parece motivado, influente e disposto a escalar qualquer montanha. Agora, imagine que, durante a escalada, uma tempestade de dificuldades atinge a face da montanha. Pode ser um revés ou uma perda na vida pessoal. A chuva e o granizo atingem seu rosto e, desorientado, ele perde de vista o cume. Ao mesmo tempo, uma corda-guia – um de seus vínculos comerciais – se solta do mosquetão, fazendo-o cair para trás em direção a um penhasco. Talvez ele tenha sido preterido para uma promoção ou perdido uma conta-chave. Agora, está em queda livre, fora de controle – uma vítima das circunstâncias. Pouco antes de perder de vez o contato com a montanha, ele encontra uma fenda do tamanho de uma mão, enfia os dedos nela e para abruptamente a poucos metros da borda. Com o coração acelerado e o vento uivando, tenta se levantar – e, ao perceber que o solo desliza alguns centímetros, nota que o penhasco está coberto por uma camada de cascalho solto. Quanto mais se move, mais o chão desliza. Agora está convencido de que o menor movimento o levará para além da borda. Assim, prende a respiração e permanece imóvel.

A experiência leva algumas pessoas a acreditar que o *status quo ante* (a forma como as coisas estão) é mais seguro do que o *status mutatio* (uma mudança de estado), ou que sua condição atual é o melhor que alcançarão. Elas se acomodam onde estão, desesperadas para não retroceder, mas tímidas demais para avançar. Tal sistema de crenças nem sempre aparece nas psicométricas comportamentais preferencialmente adotadas. As Crenças de Destino e os Motivadores de Jornada revelados no código secreto do vendedor ressaltam a mensagem de que aquilo em que acreditamos determina a maneira como nos comportamos.

As crenças moldam a consciência, que forma a ambição, que influencia a motivação, que esculpe a atitude, que afeta o comportamento, que encoraja o aprendizado, em que se baseia a habilidade, que orienta as ações e determina os resultados.

Vamos comparar o desempenho de um vendedor ao corpo de um carro de corrida. Vemos o formato, o estilo e a cor, quando o carro está montado e pronto para pegar a estrada. A educação e as habilidades de uma pessoa podem ser comparadas ao combustível no tanque; quanto mais ela tiver, mais longe poderá ir. Suas necessidades, ambição e fome podem ser comparadas às velas de ignição, que inflam o combustível para criar a combustão que impulsiona as rodas. Dentro dessa analogia, onde os sistemas de crenças de uma pessoa se encaixam? Eles estão aos pés do motorista: o acelerador e o freio. Não importa o quanto uma avaliação psicométrica diga que uma pessoa é adequada para um papel de vendas, se crenças profundamente arraigadas a fizerem dirigir com o pé no freio.

Portanto, você pode avaliar um vendedor com base em todos os indicadores razoáveis e concluir que ele deveria ser bem-sucedido. Ele tem um perfil psicométrico vencedor. Participou de todos os treinamentos corretos. Possui um sistema inteligente de gerenciamento de relacionamento com o cliente, com alertas automáticos e marketing social. Ele é beneficiado por um fluxo constante de leads prontos para compra. Seu gerente de vendas, conscientemente, dedica três horas por mês ao coaching de habilidades. Sua equipe contribui de maneira significativa para revisões de oportunidades destinadas a ajudá-lo a fechar os maiores negócios de seu pipeline. O plano de comissões e outras recompensas são motivacionais. O vendedor agirá e falará como esperado, e será visto fazendo muitas das coisas que se espera de um profissional de vendas de alto nível. Ainda assim, no fundo, ele se conterá. Apesar de todos os sistemas e suporte, você ainda pode falhar se o monólogo interno o provocar: "Só exerço controle até certo ponto".

No capítulo sobre realização, exploramos o desejo e o medo como Motivadores de Jornada. Procuramos conexões entre cada segmento do código, examinando até que ponto os Motivadores de Jornada de controle de vítima e herói, neste capítulo, se relacionam aos de realização. Não foi surpresa encontrarmos uma correspondência de 100% entre os vendedores que apresentam o Motivador de Jornada do medo e aqueles que demonstram o Motivador de Jornada da vítima.

O que os profissionais de baixo desempenho mais temem? Qualquer coisa que destrua a ilusão cognitiva de que eles são, na verdade, profissionais de alto desempenho apenas prejudicados pelas circunstâncias. Encarar a verdade sobre si mesmos seria muito confrontador, muito esmagador, muito cruel. Isso não se manifesta apenas nos negócios, de acordo com Nic Read, especialista em eficácia de vendas: "É como tirar uma nota ruim na escola e culpar o professor. É perder uma partida e culpar o equipamento esportivo. É ter um dia ruim e culpar o horóscopo".

Essa atitude derrotista de vitimização, tão evidente nos profissionais de baixo desempenho, encontra sua cura no segundo Motivador de Jornada, que exploraremos agora.

MOTIVADOR DE JORNADA 2
SOU RESPONSÁVEL PELO MEU PRÓPRIO DESTINO (HERÓI)

Nas perguntas que fizemos durante as entrevistas, uma questão-chave foi: "Para melhorar seu sucesso atual, o que você mudaria?". As respostas foram reveladoras. A maioria dos profissionais de baixo desempenho respondeu com palavras que poderiam ser resumidas como: "Não muito. Eu já sou ótimo como sou". Por outro lado, a maioria dos profissionais de alto desempenho respondeu: "Tudo! Faço pequenos ajustes todos os dias". A resposta dos profissionais de alto desempenho ecoa algo que o filósofo Confúcio escreveu há mais de dois mil anos: "Conhecer a si mesmo é o começo da sabedoria".[23] Ele estava falando sobre autoconsciência e aprimoramento constante.

Da mesma forma, 100% dos vendedores de alto desempenho apresentam o Motivador de Jornada do herói: "Sou responsável pelo meu destino". Essa crença é visivelmente mais intensa quando se trata de sua abordagem ao controle. Quando cruzamos esses dados com o capítulo anterior sobre realização, descobrimos que 100% desses mesmos vendedores também demonstram o Motivador de Jornada do desejo: "Quero ser melhor do que jamais pensei que poderia ser".

Esse grupo reconhece que a energia é consumida ao longo do caminho da autossuperação e precisa ser reabastecida. Eles geram emoções positivas, como esperança e engenhosidade, interagindo de maneira construtiva com outras pessoas e escolhendo responder de forma otimista aos eventos ao seu redor. Ao examinar as transcrições de entrevistas desse grupo, observamos um padrão de comportamento que pode ser resumido em três pontos:

1. Eles se **envolvem** com o que desejam controlar ou dominar.
2. **Promovem** mudanças em suas circunstâncias e ambiente por meio da influência ativa nos resultados.

3. **Evoluem** em sua mentalidade e comportamento para se preparar para o sucesso futuro.

Essencialmente, os profissionais de alto desempenho buscam mudar o mundo e estão preparados para ser transformados por ele.

Iris Schoenmakers nos contou como mudou o mundo usando um par de sapatos rosa. "Às vezes, você está numa situação em que tem muito pouco tempo para alcançar o máximo impacto. Algo parecido aconteceu comigo quando estava liderando o programa de Gerenciamento de Mudanças de Canais para a Cisco. Havia um grande esforço de mudança em andamento que parecia ir bem, mas as equipes internas de vendas estavam resistindo às transformações que eu buscava implementar em sua parte do processo. Isso poderia ter um grande impacto no sucesso geral do projeto. Eu havia construído minha reputação no canal, mas este é um negócio global e a maioria dos vendedores internos, compreensivelmente, não me conhecia. Na primeira vez que fiz uma apresentação para uma de nossas equipes de vendas, eles não pareciam muito entusiasmados em ouvir esta senhora, que tinha um papel corporativo, dizendo o que deveriam fazer de diferente no próprio trabalho. Como o projeto estava a todo vapor e eu precisava cobrir muitos países na Europa, África e Oriente Médio, só podia ficar alguns dias em cada país – tempo insuficiente para construir confiança e engajamento com as equipes de venda locais. A solução? Não foi tão óbvia. Para construir, da noite para o dia, uma marca que desafie estereótipos, seja traduzida para diferentes culturas e única o suficiente para estar vinculada à expertise de um indivíduo, é necessário um pensamento fora da caixa, algo que me ocorreu durante uma ida às compras."

"Amo meus sapatos e tive a inspiração de transformar isso na minha vantagem profissional", explicou Iris. "Comprei os sapatos rosa mais chamativos que consegui encontrar. Depois disso, cada país que visitei se deparava com a mulher alta de sapatos rosa fluorescentes e um terno executivo. De imediato, criamos uma atmosfera cheia de humor. As pessoas percebiam que eu estava disposta a rir de mim mesma. Em instantes, o ceticismo inicial e a postura passivo-agressiva desapareciam completamente. É claro, eu me certifiquei de que minha credibilidade em termos de vendas e seus processos fosse inquestionável, e que os resultados desejados com as mudanças propostas fossem garantidos. Mas, uma vez que nossos times de vendas começaram a perceber que eu sabia do que estava falando *e* que estava disposta a ouvir suas perspectivas, minha 'marca dos sapatos rosa' decolou. Comecei a receber mensagens antes de minhas visitas, perguntando como poderiam ajudar a implementar as mudanças corporativas ao processo de vendas para que pudéssemos acelerar o sucesso antecipado. Aprendi uma lição valiosa em vendas." Talvez essa situação tenha sido focada em processos internos, mas as equipes ainda lidavam com clientes. E não importa nem um pouco em que etapa do processo de vendas você esteja; o fato é que habilidades de comunicação, aliadas a um desejo de ter sucesso, por mais difícil que a tarefa possa parecer, são pré-requisitos essenciais para o sucesso.

Os profissionais de alto desempenho, como Iris, desenvolvem uma mentalidade de crescimento que influencia suas escolhas e ações durante uma venda. Vendedores com uma mentalidade de crescimento enxergam qualquer desafio como uma oportunidade e mantêm o foco alegremente em fazer o esforço necessário com uma atitude positiva e *confiante*. E, embora fatores externos fora de seu controle às vezes possam influenciar se eles vencerão ou falharão, esses vendedores gastam menos tempo se preocupando com o que não está sob seu controle e mais tempo arregaçando as mangas para impactar o resultado onde *podem*. Ao fazer isso, criam a própria sorte.

De acordo com Jeff Raikes, CEO da Bill & Melinda Gates Foundation, uma mentalidade de crescimento é "fundamental para superar a lacuna de desempenho". Vendedores com uma mentalidade voltada para o crescimento ficam entusiasmados em aprender coisas novas e se esforçam ao máximo para superar suas metas de vendas. O vendedor com uma atitude focada no crescimento cuida de seu território de vendas como se fosse uma pequena empresa; e ele, o CEO. Demonstram total engajamento e plena responsabilidade.

Colleen Schuller, líder em Excelência em Vendas Globais na GlaxoSmithKline quando conduzimos a entrevista, compartilhou: "Quando comecei como gerente na GSK, fui designada para liderar o pior território de vendas da região. Estava no fundo do poço. Em dezoito meses, era um dos territórios de maior desempenho. A única coisa que mudou foi a mentalidade da minha equipe. Eles aprenderam a acreditar que *poderíamos* vencer e conquistaram o que ninguém pensava ser possível".

Os vendedores de alto desempenho buscam constantemente novas maneiras de agregar valor a seus clientes, equipe e organização. Agem como protagonistas, focam fatos reais, fazem perguntas difíceis e chegam ao cerne de uma questão de desempenho. Assim, aprendem com as dificuldades e ampliam suas capacidades. Ao fazer isso, certos comportamentos se manifestam nas pessoas que têm o Motivador de Jornada do herói para controle:

COMPORTAMENTOS OBSERVADOS COM MAIOR FREQUÊNCIA
1. Persuasivo/Tranquilizador
2. Persistente/Determinado
3. Autossuficiente/Independente
4. Gentil/Generoso
5. Pensador/Crítico

Os profissionais de alto desempenho acreditam categoricamente que são responsáveis pelo próprio sucesso. Eles prosperam diante de desafios e veem o fracasso como um trampolim. Essa mentalidade de crescimento sustenta que as qualidades atuais de qualquer pessoa podem ser aprimoradas. Eles aderem à noção de que o potencial é ilimitado quando se mistura paixão suficiente com treinamento, esforço, metas e tempo. Não apenas os indivíduos com essa mentalidade não são desencorajados pelo fracasso, como enxergam nele uma oportunidade de aprendizado em andamento. "Quando converso com meus vendedores", diz Justin Stone, do J. P. Morgan, "eu os encorajo a esquecer que, tecnicamente, são colaboradores de uma empresa. Peço que imaginem a si mesmos como autônomos, comandando todo o negócio. Se eles fossem os CEOs das próprias empresas, responsáveis pela experiência do cliente e por todos os resultados, o que isso faria com sua mentalidade? Obtenho uma ótima reação das pessoas, pois isso ajuda a mudar a mentalidade para uma de total responsabilidade. Elas percebem que esta é a sua hora de brilhar, o seu destino. É nesses momentos que as pessoas aprendem e voam."

Os vendedores que apresentam melhores desempenhos acreditam que estão equipados com uma carta-branca para criar um legado. Um profissional de alto desempenho que liderou um projeto global de engajamento de 2000 a 2010 nos contou: "Nesse período, nos tornamos uma indústria regulada e muitos desafios surgiram devido à operação nesse tipo de ambiente. Garantir que as coisas corressem bem tanto da perspectiva do cliente quanto do regulador foi realmente difícil". Outra pessoa poderia ter desistido, mas ele perseverou: não por gratificação pessoal, mas porque via o legado mais amplo que o projeto criaria para a empresa. "O dia em que senti mais orgulho foi aquele em que passei o bastão para o meu sucessor", disse ele com um sorriso, pois essa foi sua maior satisfação. Em 2014, a Nike produziu um vídeo motivacional intitulado *Rise and Shine* por meio da agência de publicidade lg2 Toronto. O vídeo viralizou imediatamente e, com milhões de visualizações, simboliza o credo dos vendedores com o Motivador de Jornada do herói. Ele começa com aquele momento que muitos de nós enfrentamos nas escuras manhãs de inverno, quando: "Sua mão não consegue alcançar o despertador antes que as vozes na sua cabeça comecem a dizer que é muito cedo, muito escuro e muito frio para sair da cama". Você sabe que quer apertar o botão e roubar apenas alguns minutos a mais, mas seu herói interior vence, e, mesmo cansado, você encara as ruas, com os músculos doloridos e protestando. Você avança, metro a metro. Este é o marco do herói, da pessoa no controle; da pessoa que sabe que só ela é responsável pelo próprio destino.

Heróis não são super-humanos. Como a Nike disse em sua história, embora "não sejam facilmente derrotados, estão longe de ser invencíveis". Há momentos de dúvida, de questionar se o prêmio vale a luta, quando as vozes internas parecem gritar mais alto que o som do trânsito matinal. É nesses momentos que os heróis são feitos. Eles enfrentam os próprios demônios e se recusam a aceitar que o sucesso depende do destino ou da sorte. Como a Nike tão elegantemente colocou: "A sorte é o último desejo daqueles que querem acreditar que a vitória é fruto do acaso. O suor, por outro lado, é para aqueles que sabem que é uma escolha".

Ao escolher seguir em frente naqueles dias em que as pressões de ter alto desempenho em um mundo cada vez mais regulado pareciam quase intransponíveis, ele se tornou um herói das vendas.

Harriet Taylor, que trabalhava para a Oracle na época de nossa pesquisa, nos disse: "Todos os dias aprendo, ou obtenho sucesso, ou experimento uma combinação de ambos". Harriet é uma heroína das vendas.

O vendedor icônico Justin Stone, do J. P. Morgan, tinha isto a dizer: "Leio muitos livros e faço minhas anotações. Se ouço um audiolivro, escuto duas vezes para ver como as ideias podem funcionar para mim. É um investimento de tempo. Acho que é algo bastante importante". Justin é um herói das vendas.

Phil Benton, da Adidas, sugere o seguinte: "Valorizo vendedores que mostram certo grau de humildade ao comparar suas realizações reais com suas metas. Sabem onde estão e o que precisam mudar. Eles nem sempre terão sucesso da maneira que você espera. São os vencedores silenciosos e altamente respeitados". Os membros da equipe de Phil são heróis das vendas.

Dilip Mailvaganam, da Microsoft, acrescenta que os profissionais de alto desempenho encontram-se com frequência próximos ao topo da hierarquia de necessidades de Maslow,[24] alcançando a autorrealização e, assim, podendo olhar para fora e atender às necessidades dos outros. Veja como ele coloca: "Seja ajudando a Associação de Cães-Guia para Cegos a apoiar pessoas com perda de visão, ou usando o Kinect na reabilitação de crianças, ou usando o recurso de nuvem para que o Real Madrid possa se conectar a 450 milhões de fãs, para mim se trata de usar a tecnologia da Microsoft para construir um legado que ajude os outros. E o bom é que ninguém pode fazer isso sozinho. Não sou apenas eu; não é apenas minha equipe; é a colaboração de muitas equipes que leva ao sucesso". Dilip, sua equipe e muitos outros na Microsoft são heróis das vendas.

O objetivo desses relatos de profissionais é ilustrar como vendedores bem-sucedidos assumem o controle das próprias questões para que seus clientes possam gozar um maior controle sobre as deles.

Quanto mais um vendedor importa para seus clientes, mais seus clientes serão importantes para ele. É um círculo virtuoso.

* * *

Na página seguinte, há um questionário sobre a Crença de Destino de controle. Encontre um lugar tranquilo, reflita sobre as perguntas e escreva suas respostas. Ao fazer isso, você avançará na jornada de aplicação do código secreto do vendedor. Em seguida, oferecemos percepções adicionais sobre controle, compartilhadas Icônicos entrevistados durante nossa pesquisa.

MINHA REVISÃO DE CONTROLE

Pergunta 1. Quando algo não sai como planejado, quem tem a responsabilidade final?
_____
_____
_____

Pergunta 2. Você precisa de que os outros o elogiem? Em caso afirmativo, por que acha que isso é necessário?
_____
_____
_____

Pergunta 3. Liste seus talentos. Quanto tempo você teve que pensar para responder a esta pergunta?
_____
_____
_____

Pergunta 4. Quem são seus modelos de inspiração?
_____
_____
_____

Pergunta 5. Como foi a última vez que você realizou algo que o colocou fora de sua zona de conforto? Quais novos talentos você adquiriu? O que aprendeu sobre si mesmo?
_____
_____
_____

PERCEPÇÕES ADICIONAIS DE CONTROLE DOS VENDEDORES DE ALTO DESEMPENHO

1. Sabemos, pela pesquisa, que vendedores de alto desempenho acreditam que contam com todos os recursos necessários para criar a própria sorte. Profissionais de desempenho mais baixo se acomodam em certo nível de sucesso e tendem menos a "tentar a sorte" ao pisar fora do espaço que entendem que lhes foi designado na vida. Os primeiros assumem consistentemente a total responsabilidade pelos resultados; os últimos aceitam apenas responsabilidade situacional, ou nenhuma responsabilidade. Se você acredita que conta com tudo de que precisa para ter sucesso, ou a perspicácia para encontrar um caminho, é possível alcançar o aparentemente impossível. Um bom ponto de partida é mudar os padrões de linguagem:

De:	Para:
Esta região a que fui designado tem um histórico ruim de vendas. Ninguém nunca consegue ter sucesso aqui.	*Tenho uma oportunidade de me destacar como ninguém jamais fez antes. Serei o primeiro a ter sucesso aqui.*

2. Assuma a responsabilidade pelos erros, independentemente de sua reação instintiva. Por exemplo, imagine que você está em uma apresentação de vendas e um dos especialistas em assuntos específicos de pré-vendas que você trouxe para demonstrar um produto tem um desempenho ruim diante do cliente. Ele não está preparado e parece desorganizado.

Não fala em relação ao contexto das necessidades de negócios conhecidas do cliente. Está tão focado em realizar uma apresentação padronizada, que não percebe quando o cliente tenta fazer uma pergunta. O resultado é que você não é convidado para a próxima etapa do processo de avaliação e perde a venda. Seu colega é o responsável ou você deveria ter assumido a responsabilidade de orientá-lo, treiná-lo e ensaiar com ele antes de a reunião começar?

3. Os melhores profissionais sempre buscam feedback – o bom, o ruim e o desagradável – para que possam aprender, se desenvolver, mudar e ser mais eficazes. Eles não são ávidos por críticas, mas conseguem interpretá-las sob a devida perspectiva quando as recebem. Já os profissionais de baixo desempenho detestam feedback negativo e sempre têm uma justificativa pronta para explicar por que circunstâncias atenuantes causaram um resultado abaixo do ideal. Enquanto constantemente apontam o dedo para o mundo, falham em perceber que há sempre três dedos apontando de volta para eles mesmos.

4. Descobrimos que os vendedores de baixo desempenho tendem a usar uma linguagem de vendas focada em aspectos táticos e operacionais, como esforço, atividade, horas ou custo. Já os de alto desempenho utilizam uma linguagem voltada para resultados estratégicos, como receita, margem, valor, participação na carteira de clientes e retorno sobre o investimento. Além disso, os vendedores de alto desempenho também demonstram empatia ao se comunicar com seus clientes.

5. Aqueles que aceitam a responsabilidade e focam resultados geralmente são mais criteriosos na maneira como alocam seu tempo. Tendem a ser precisos ao delegar tarefas às pessoas mais propensas a alcançar o resultado desejado. Eles preferem não deixar as coisas ao acaso. Isso não significa que planejem cada mínimo detalhe, mas que traçam um plano de ação, executam, obtêm feedback e ajustam conforme necessário.

6. Remova a ambiguidade concordando sobre o escopo de sua responsabilidade. Você não pode ser responsável por coisas que estão fora do seu controle. Por outro lado, deve se expor ao risco para expandir suas capacidades; caso contrário, não conseguirá ir além do comum para entregar um valor excepcional. Como escreveu Oliver Wendell Holmes Jr., grande jurista americano: "A mente do homem, uma vez expandida por uma nova ideia, nunca retorna às suas dimensões originais".[25] Portanto, descubra o que precisa ser feito, decida assumir o controle, esteja preparado para se superar e siga em frente.

O QUE SE PASSA NA MENTE?

O psicólogo diz...

A teoria da atribuição está relacionada à nossa interpretação dos eventos. A atribuição interna ocorre quando a causa do comportamento de um indivíduo vem de dentro; está enraizada na personalidade, nos motivos ou nas crenças. Já a atribuição externa é quando a causa do comportamento é ligada a fatores externos e fora do controle da pessoa – como o ambiente econômico. Nossa pesquisa sugere que, se um vendedor usar a atribuição interna para refletir sobre sucessos e falhas, poderá assumir a responsabilidade pelo problema, resolvê-lo ou aprender com ele. Dessa forma, o fracasso é visto como algo temporário, e em situações futuras o vendedor é capaz de agir com sucesso para superá-lo. Essa visão positiva pode ser adotada e trabalhada pelos líderes de vendas para melhorar a mentalidade de seus vendedores em qualquer situação.

O psicólogo Julian B. Rotter desenvolveu o conceito de *locus de controle*, uma possível ferramenta poderosa para vendedores, líderes de vendas e organizações ao considerar onde reside o poder de controle em qualquer situação. Pense nisso como um espectro: em uma extremidade está o controle interno (os resultados do comportamento de uma pessoa dependem das próprias atitudes ou características pessoais); na outra extremidade está o controle externo (os resultados são função do acaso, da sorte ou do destino, estão sob controle de outros poderosos ou são simplesmente imprevisíveis). Todos se posicionam em algum lugar desse espectro, podendo variar dependendo da situação em que o controle é percebido.

Ao falar sobre sucesso e fracasso em situações de coaching (como quando metas de vendas não são atingidas ou em uma conversa de desempenho), explore esse espectro com o vendedor. Reconheça quais medidas ele pode tomar no futuro para assumir o controle, liderar a si mesmo e, consequentemente, conduzir a organização ao sucesso.

A ÚLTIMA PALAVRA SOBRE CONTROLE

No ritmo das batidas do destino

Dois jovens irmãos, Bobby e David, queriam ser músicos. Todos os dias, eles insistiam com os pais para aprender a tocar uma variedade de instrumentos. Um dia, o pai deles presenteou Bobby com um violão novo e anunciou que ele começaria a ter aulas. O menino ficou radiante.

O aniversário de David aconteceu algumas semanas depois, e ele pedira uma bateria. Quando o dia especial chegou, entre os presentes, havia um único e solitário tambor, do tipo que geralmente é dado para crianças baterem, mas não uma bateria completa. Bobby consolou David muitas vezes nos dias seguintes, enquanto praticava em seu violão reluzente e começava as aulas.

Contudo, David se recusou a ficar desanimado. Ele tocava aquele tambor todos os dias, o dia inteiro. Tocava junto com as músicas que ressoavam no aparelho de som e fazia recitais de percussão para seus pais e para Bobby. Começou a inventar novos ritmos, batucando tanto no corpo do tambor quanto na pelica.

Não demorou muito para a época das festas de fim de ano, e o Natal enfim chegou. David desceu para o café da manhã, e o primeiro presente dos pais que viu foi uma linda bateria nova e completa, com bumbo, caixa, pratos e tom-tons. Sua mãe sorriu para ele e disse: "Você mostrou que era capaz de transformar seu desejo de ser baterista em realidade. Tínhamos dúvidas, mas você demonstrou tanta determinação em aprender sozinho, que simplesmente tivemos que lhe dar essa bateria de Natal".

Com o passar dos anos, Bobby apenas "brincou" de tocar violão. Quanto a David, ele foi ensinado por alguns dos maiores nomes da música e é um baterista fabuloso até hoje. De alguma forma, isso não é nem um pouco surpreendente.

CRENÇA DE DESTINO
O SUCESSO SEMPRE SE DEVE A ALGUÉM OU ALGO (CONTROLE)

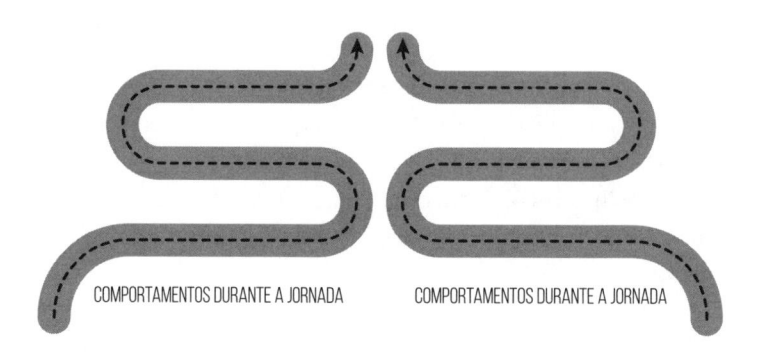

COMPORTAMENTOS DURANTE A JORNADA — COMPORTAMENTOS DURANTE A JORNADA

ALTO 100% — **EQUILIBRADO** 0% — **ALTO** 100%
22% — 78%
ESPECTRO DE INTENSIDADE

MOTIVADOR DE JORNADA 1
Exerço controle só até certo ponto (Vítima)

MOTIVADOR DE JORNADA 2
Sou responsável pelo meu próprio destino (Herói)

50% dos respondentes acreditam que exercem uma janela limitada de controle sobre suas vendas, carreira, vida ou sobre outras pessoas.

100% dos respondentes que acreditam que há um limite para o que podem controlar também demonstram um medo intenso de fracassar.

Vendedores são recompensados por vencer. Embora as derrotas ocorram com frequência, são as vitórias que realmente contam. Isso é chamado de Mentalidade de Cassino. Alguns vendedores sentem-se poderosos – até sortudos – em territórios familiares, mas impotentes em novos terrenos. Você já se perguntou por que os vendedores de sucesso parecem ser os mais sortudos? A verdade é que eles não têm sorte; simplesmente aprenderam a atribuir o sucesso e o fracasso a si mesmos. Os melhores desempenhos são alcançados por quem controla o próprio destino e enxerga o fracasso como um desvio temporário, não um destino – algo com o qual se aprende e que se aplica na próxima vez. Na vida, eles têm duas alternativas: ou têm sucesso, ou aprendem (fracassam). No entanto, para alcançar o sucesso de forma contínua, é necessário aprender continuamente! Você se permite o luxo de abraçar o fracasso dessa forma?

100% dos respondentes que acreditam ser, em última análise, responsáveis pelas coisas que acontecem são de alto desempenho.

50% dos respondentes demonstraram um forte locus de controle interno.

100% dos respondentes com um forte locus de controle interno eram de alto desempenho.

CAPÍTULO QUATRO

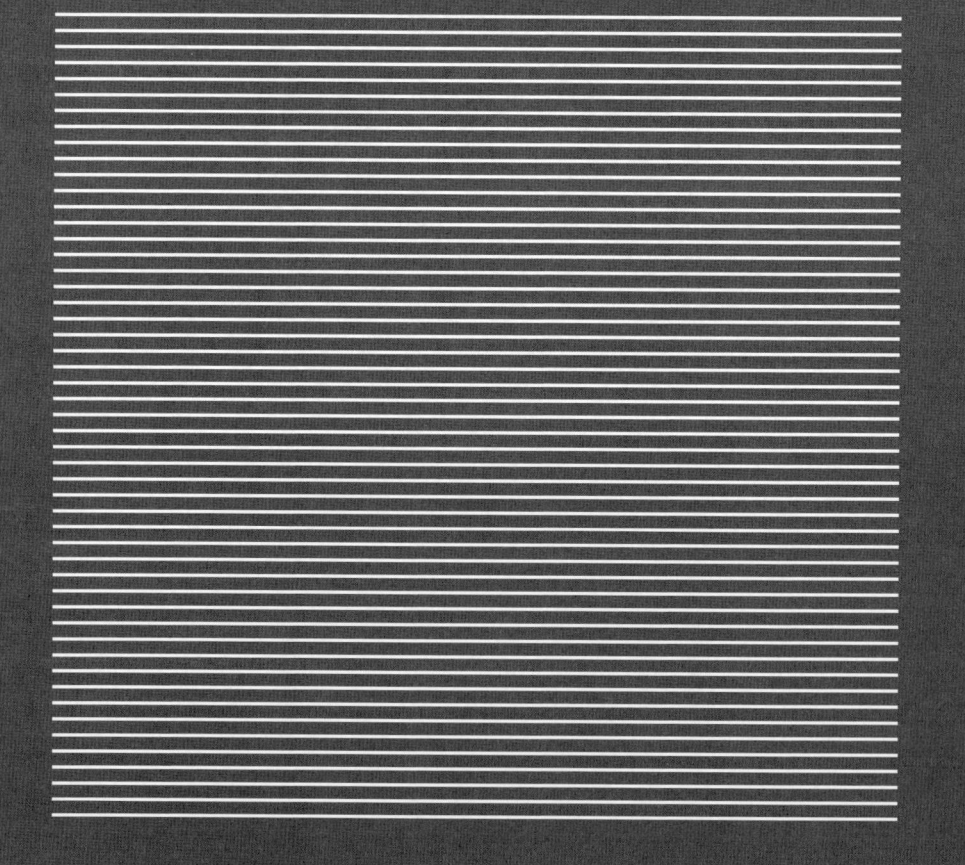

RESILIÊNCIA

CRENÇA DE DESTINO
ENFRENTAR DESAFIOS E ADVERSIDADES SIMPLESMENTE FAZ PARTE DA VIDA (RESILIÊNCIA)

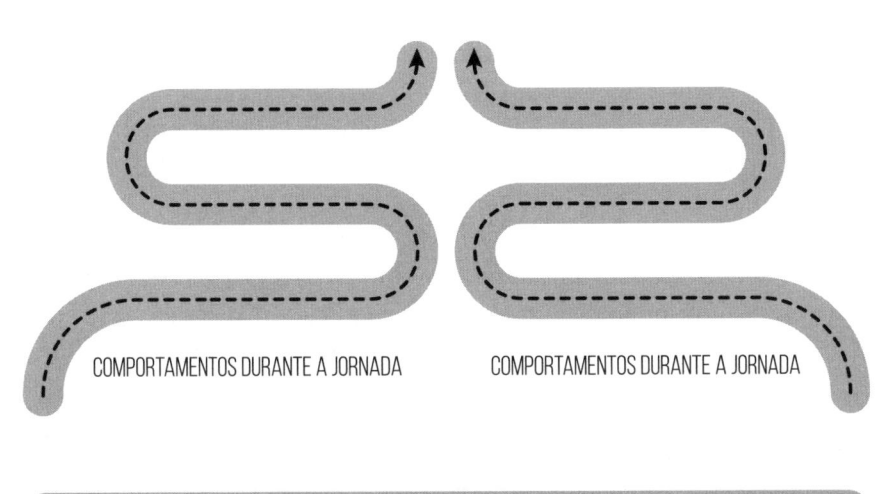

COMPORTAMENTOS DURANTE A JORNADA   COMPORTAMENTOS DURANTE A JORNADA

ALTO — EQUILIBRADO — ALTO
ESPECTRO DE INTENSIDADE

MOTIVADOR DE JORNADA 1
Diante do desafio, trabalho ainda mais para superá-lo e vencer (Trabalhar mais)

MOTIVADOR DE JORNADA 2
Uso os momentos de adversidade para encontrar formas novas e criativas de alcançar objetivos (Trabalhar de forma mais inteligente)

A resiliência está relacionada à forma como você enfrenta o impacto dos eventos do trabalho e da vida — incluindo as adversidades — e à sua capacidade de se recompor. Nosso bem-estar e resiliência são construídos com base em um equilíbrio entre o gasto de energia durante a performance e o tempo dedicado à renovação e recuperação, permitindo, assim, o restabelecimento da energia. Quando o estresse surge, geralmente em decorrência de demandas ou pressões por algo que valorizamos, a resiliência nos ajuda na recuperação dos danos por ele causados. Gerenciar o estresse significa reconhecer sua presença e trazer as forças restauradoras de cura e renovação, a fim de reconstruir as reservas de energia.

O estresse é um dos conceitos mais demonizados e incompreendidos no mundo. As pessoas tentam evitá-lo. No entanto, ele é vital para o crescimento. E, em algumas situações, pode trazer uma série de benefícios positivos. Como diz Kelly McGonigal, em *The Upside of Stress*: "O estresse fornece a você a energia necessária para enfrentar o desafio". Imagine que está prestes a encarar um obstáculo. Nesse momento, seu sistema nervoso simpático entra em ação. O corpo recebe energia extra na forma de gordura e açúcar liberados pelo fígado, e a frequência cardíaca aumenta para garantir que todos os nutrientes, juntamente com o oxigênio adicional recebido pela respiração mais profunda, cheguem aonde são necessários. Adrenalina e cortisol são liberados na corrente sanguínea, ao lado de endorfinas e dopamina. Como afirma McGonigal, psicóloga e autora, "o estresse pode criar um estado de atenção concentrada [...]. Esse efeito colateral é uma das razões pelas quais algumas pessoas apreciam o estresse – ele proporciona certa adrenalina". Pesquisas também indicam que ele nos incentiva a ser mais sociáveis, pois a oxitocina – o hormônio que nos ajuda a nos conectar com os outros, demonstrar maior empatia e ouvir de forma mais eficaz – é liberada pela glândula pituitária. Isso resulta em uma resposta de aproximação e cooperação (*tend and befriend*), bastante diferente da resposta de *lutar ou fugir* que todos conhecemos. O quadro se torna ainda mais intrigante quando se descobre que a oxitocina é capaz de reduzir a resposta de medo no cérebro, fazendo com que nos sintamos mais corajosos.[26]

Se o estresse pode, de fato, ser benéfico, parece que o verdadeiro vilão de nossos males não é o estresse excessivo, mas a recuperação insuficiente. O estresse é o estímulo para o crescimento, e o crescimento e a resiliência ocorrem durante os períodos de recuperação. Quando as pessoas não respeitam devidamente o processo de recuperação, as demandas que enfrentam todos os dias tornam-se insustentáveis. A falta de recuperação emocional adequada causa negatividade, oscilações de humor e irritabilidade. A recuperação mental insuficiente leva a falta de concentração, pensamentos confusos e erros mentais. Já a fadiga espiritual, quando não equilibrada pela recuperação, pode abrir espaço para lapsos de caráter que entram em conflito com seus valores essenciais.

Se você quebra um braço ou uma perna, é necessário passar por um processo de cura para que a lesão seja reparada e o membro volte a funcionar, talvez até mais forte do que antes. Esse mesmo processo ocorre emocionalmente, em nosso corpo, nossa mente emocional, nossa mente cognitiva e nosso senso de propósito (as perguntas "Qual é o sentido de tudo isso?" e "Por que estou aqui?"). A resiliência acelera a recuperação. Quanto mais forte sua resiliência, mais rápido você se recupera de um golpe e segue em frente. A chave é alternar momentos de estresse com períodos de recuperação.

A resiliência pode ser um dos pilares mais importantes para navegar o novo mundo que enfrentamos, pois somos sempre bombardeados por coisas que nos desestabilizam.

Quando 358 líderes de 190 empresas foram questionados sobre os maiores obstáculos ao desempenho em suas organizações, cerca de 75% citaram as crescentes demandas no ambiente de trabalho. Aproximadamente 62% relataram um aumento no esgotamento emocional ou físico nos últimos doze meses, enquanto 57% indicaram uma queda significativa no moral e 38% observaram maior desengajamento dos funcionários no trabalho.[27]

Ao questionar os funcionários sobre o impacto do aumento das demandas no trabalho, 63% relataram estar mais irritados e estressados, e 56% disseram estar se exercitando menos, o que abre as portas para maior sedentarismo, obesidade e doenças relacionadas. Não foi surpresa que 69% tenham relatado uma séria deterioração no equilíbrio ideal entre vida pessoal e trabalho. O mais crítico: 78% temiam não ter a capacidade pessoal para lidar com qualquer desafio, contratempo ou dificuldade adicional além do que já estavam enfrentando.

Vale repetir essa última estatística, porque ela é significativa: quase 80% dos trabalhadores de hoje se sentem no limite! Isso pode levar a um aumento do absenteísmo (dias de licença médica, dias de saúde mental etc.) e do presenteísmo (quando as pessoas estão fisicamente presentes no trabalho, mas *sem produtividade*). Um estudo recente do Instituto Milken estima que dias de trabalho perdidos e a baixa produtividade custam às empresas mais de 1,3 trilhão de dólares por ano. Desse total, a perda de produtividade custa 1,1 bilhão de dólares por ano, enquanto outros 2,7 bilhões de dólares são gastos anualmente em tratamentos.[28]

Com o declínio da prática de exercícios e o aumento de maus hábitos alimentares (pense em fast-food, dietas da moda e bebidas energéticas), vemos males crônicos como diabetes, câncer, obesidade e doenças cardiovasculares representarem riscos crescentes para as empresas em todos os lugares. Médicos afirmam que 70% de todos os custos com tratamentos são evitáveis se as pessoas fizerem pequenas mudanças em seus comportamentos e crenças para alcançar maior resiliência.[29]

O imperador da França Napoleão Bonaparte dizia: "A primeira virtude de um soldado é a resistência à fadiga; a coragem é a segunda virtude".[30] Ele estava falando sobre resiliência. A fadiga física em combate corrói a força cognitiva, emocional e espiritual e, portanto, é o maior inimigo do alto desempenho. Muito do treinamento usado pelas forças armadas para melhorar a resiliência é relevante no mundo corporativo.

Swank e Marchand, médicos que estudaram o impacto psicológico do combate na Segunda Guerra Mundial, descobriram que, após sessenta dias consecutivos de luta sem descanso, 98% dos soldados de infantaria tinham grande probabilidade de se tornarem baixas psiquiátricas.[31] Mais recentemente, os repetidos deslocamentos militares para zonas de conflito no Oriente Médio reforçaram a importância da resiliência como proteção contra o transtorno de estresse pós-traumático (TEPT). Os militares aprenderam o valor de doses administradas de recuperação entre cada ciclo de estresse, antes de destacarem os soldados mais uma vez. Quanto mais traumático o ciclo de estresse, mais crítico se torna o período de descanso e recuperação. É durante a fase de recuperação que ocorre a estabilização emocional e física e onde a resiliência é criada.

O mesmo se aplica ao treino na academia. Os músculos não crescem enquanto você levanta peso, mas quando descansa depois. O que se aplica ao corpo também se aplica à mente. Como descreve a revista *Bodybuilder*: "Não apenas cada músculo exercitado precisa de descanso, ou seja, *descanso específico*, mas todo o corpo, ou seja, *descanso geral*. Se o descanso para o corpo todo não for levado a sério, muito estresse pode se acumular e levar o sistema a um estado de excesso de treinamento devido ao acúmulo de estresse. Não descansar pode desacelerar ou interromper a capacidade de recuperação do corpo; portanto, é importante que o corpo todo descanse para que possa ser renovado com energia e vigor e permitir que o estresse se dissipe. É assim que o corpo [e a mente] permanece forte e saudável e continua crescendo".[32]

Você pode não estar no exército ou frequentar a academia, mas, como vendedor, conhece bem o treinamento básico, as campanhas "em campo" e as viagens por um território. Sempre que há um gasto prolongado de energia sem pausas, o corpo tolera por um tempo, mas reage com um retrocesso forçado de recuperação. Chamado de retrocesso parassimpático, isso geralmente se manifesta como um cansaço avassalador, exaustão, sonolência e desengajamento. Se você passa suas noites e manhãs sentindo-se exausto devido ao trabalho de vendas, é provável que não esteja dando a si mesmo tempo suficiente para recuperação e tenha baixa resiliência. A boa notícia é que você tem o poder de mudar isso.

Líderes militares sabem que um dos maiores perigos ocorre após uma longa campanha sem tempo para recuperação durante a batalha. Logo após o ataque, os soldados costumam ficar comprometidos fisiológica e psicologicamente, tornando toda a unidade vulnerável.

O gasto contínuo de energia acaba por esgotar a capacidade do corpo de produzi-la, com a consequência de exaustão física e emocional prolongada. As reservas de produção de energia do corpo se esgotam e demoram mais para recarregar do que se tivessem sido reabastecidas ao longo do caminho. O resultado: uma paralisação involuntária. Isso é baseado na sobrevivência e é uma forma de recuperação forçada para preservar a vida. Uma forma de manifestação disso é quando as pessoas caem em um sono profundo involuntário, apesar de precisarem permanecer alertas. Já acordou com um tranco enquanto trabalhava no laptop tarde da noite? Ou no meio da tarde? A razão para essa fadiga debilitante é a ausência de ciclos curtos de recuperação e restauração de energia.

A chave para desenvolver a resiliência é incorporar uma recuperação estratégica em sua vida. Em empresas que não foram educadas sobre o poder da resiliência, a ideia de fazer pausas para renovação e regeneração pode ser difícil de aceitar. Pausar pode ser visto como um sinal de fraqueza. A atitude "pausas são para os fracos" pode prevalecer entre os gestores táticos de vendas mais agressivos. Entretanto, sem dúvidas, ciclos de estresse devem ser balanceados com ciclos de recuperação se a houver pretensão de criar e sustentar a resiliência.

Empresas esclarecidas estão começando a compreender. Por exemplo, a SAS, com sede na Carolina do Norte, é a maior empresa de software de capital privado do mundo, empregando mais de 14 mil pessoas globalmente. O CEO, Jim Goodnight, é um líder "do contra", que acredita em desafiar os funcionários, mas incentiva momentos de descanso para recuperação. A SAS oferece horários flexíveis para atender às necessidades familiares, opções de alimentação saudável para manter altos níveis de concentração, instalações completas de fitness e jardins bem cuidados para jogos e esportes.[33]

A generosa oferta da SAS de assistência médica, cuidados infantis, educação e outros mecanismos para manter seu capital humano é algo que faria a maioria dos CFOs hesitar, mas os resultados falam por si mesmos. Agora em sua quarta década de crescimento de vendas de dois dígitos, com uma taxa de retenção de clientes superior a 90% e um dos menores índices de rotatividade de funcionários em seu setor, a SAS figura consistentemente entre os dez melhores lugares para trabalhar no mundo.[34]

Resultados como esses demonstram como a necessidade do corpo por resiliência reflete nos negócios. A maioria das organizações contrata pessoas pelo "software" em suas mentes: toda a sua inteligência, sabedoria e genialidade. No entanto, esse software permanece inativo se a "máquina" não estiver conectada e sua bateria não for restaurada com regularidade.

Phil Benton, da Adidas, acredita que é impossível ter sucesso sem isso. Ele nos disse: "Passei por muitos obstáculos no caminho e aprendi com todos eles. A resiliência é algo que a gente cria. Sou um gerente de vendas melhor por causa disso".

Todos os profissionais de vendas com quem conversamos em nosso estudo acreditam que enfrentar desafios e adversidades faz parte da vida. Essa Crença de Destino é fundamentada por dois Motivadores de Jornada, conforme detalhado nos dois capítulos anteriores.

O primeiro Motivador de Jornada, "Diante de um desafio, trabalho ainda mais para superá-lo", é resumido como trabalhar mais.

O segundo Motivador de Jornada, "Uso os momentos de adversidade para encontrar formas novas e criativas de alcançar objetivos", reconhece que a adversidade estimula a resolução de problemas e é resumido como trabalhar de forma mais inteligente.

Descobrimos que todos os vendedores de alto desempenho sustentam a subcrença trabalhar de forma mais inteligente mais intensamente do que trabalhar mais.

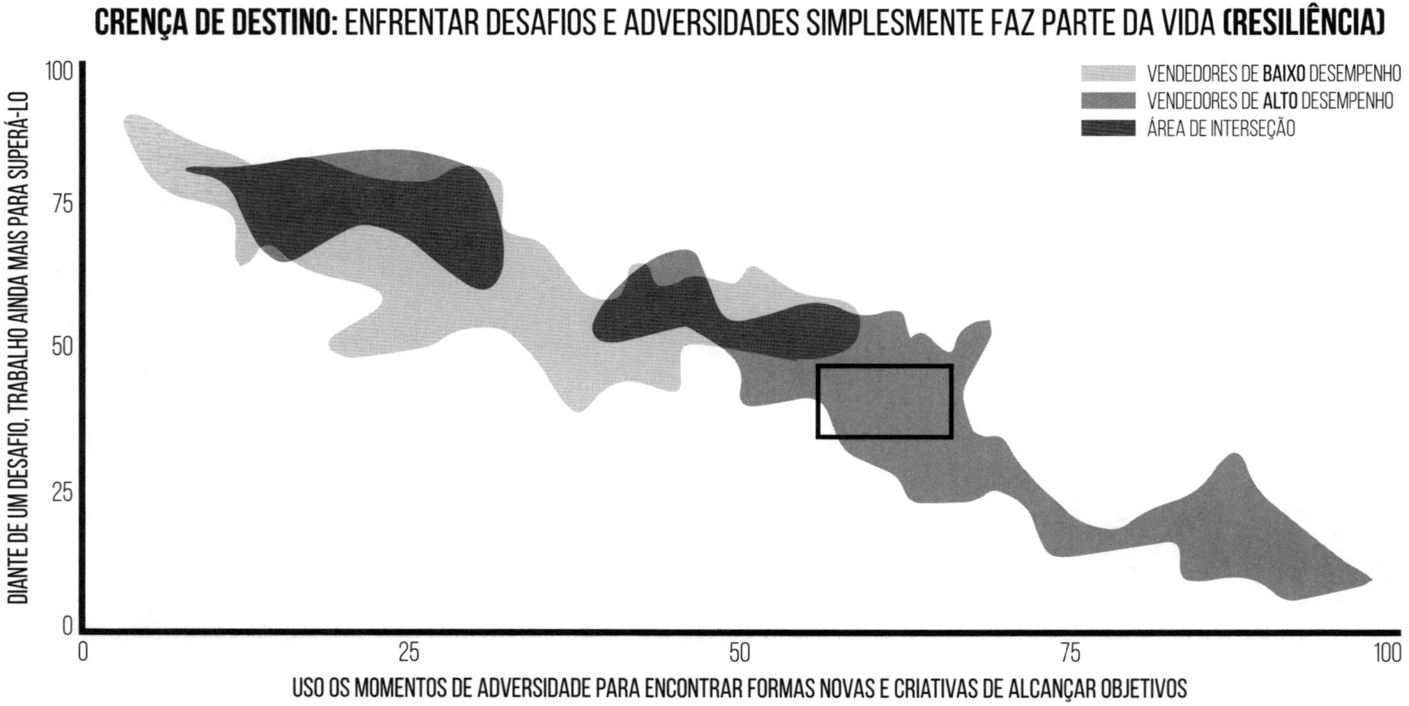

FIGURA 4

Distribuição dos Motivadores de Jornada para resiliência

Nossa pesquisa descobriu que a posição ideal para resiliência é 59% de trabalhar de forma mais inteligente e 41% de trabalhar mais. Ao analisar os melhores dos melhores (os 5% entre os entrevistados que apresentaram o desempenho mais alto), notamos um agrupamento, identificado pelo retângulo na Figura 4. Isso confirma que os principais vendedores têm ambos os Motivadores de Jornada, mas aderem ao trabalhar de forma mais inteligente duas vezes mais do que outros vendedores. Vamos explorar ambos os Motivadores de Jornada em mais detalhes.

MOTIVADOR DE JORNADA 1
DIANTE DE UM DESAFIO, TRABALHO AINDA MAIS PARA SUPERÁ-LO (TRABALHAR MAIS)

Henry Ford, pioneiro na fabricação de automóveis em linha de montagem, disse: "Quando tudo parece estar contra você, nunca se esqueça de que o avião decola contra o vento, não a favor dele".[35] O jogo de vendas pode ser assim. O sucesso vem após superar adversidades e rejeições. Às vezes é difícil lidar com pequenos momentos de negatividade, mas os melhores vendedores não apenas os enfrentam, eles prosperam com isso. No entanto, não significa que eles trabalham mais.

Em nossa pesquisa, 91% dos vendedores de baixo desempenho disseram acreditar que *precisavam* trabalhar mais para fechar suas vendas. Eles se apegavam à ideia de que, se dedicassem mais horas, uma solução surgiria, mesmo que não fosse imediatamente evidente. Continuavam fazendo a mesma coisa, com a esperança de que as circunstâncias mudassem, a Providência atuasse e uma resposta aparecesse. Não sigamos essa sabedoria percebida.

Um deles disse: "Quando enfrento um desafio, engato a sexta marcha, busco fundo e uso minha convicção interior para superar". Outro colocou desta forma: "As recompensas vêm para quem trabalha duro". Outras pérolas de sabedoria incluíram: "Você precisa ser o primeiro a chegar no escritório e o último a sair, depois da meia-noite, quando sua concorrência está dormindo". Podemos até ouvir um eco de Gordon Gekko, do filme *Wall Street*, provocando: "Você ganha algumas, perde outras, mas continua lutando... e, se precisar de um amigo, arranje um cachorro".[36]

Em compensação, apenas 14% dos vendedores de alto desempenho apresentaram crenças semelhantes.

Reconhecemos que esses mantras em prol do trabalho não soam como algo dito por profissionais de baixo desempenho. Eles fazem as pessoas parecerem animadas e destinadas ao sucesso. Mas aqui está a surpreendente contradição: os adeptos do "trabalhe mais" fazem isso porque, na verdade, não estão no controle. É o equivalente a lançar dardos em um alvo e torcer para que um deles fique fincado.

"Avançar" até altas horas da madrugada realmente significa que você não gerenciou bem seu dia de trabalho e está disposto a roubar tempo pessoal ou familiar como penalidade, o que pode desequilibrar outras partes da sua vida. Esse comportamento se disfarça de uma vigília encharcada de testosterona e cafeína, um tributo de lealdade à empresa. Mas é apenas uma autogestão ruim.

Lembre-se: fazer mais da mesma coisa quase nunca é a solução. Se isso fosse verdade, Henry Ford teria criado cavalos mais rápidos, e não carros. Portanto, não deve ser surpresa que trabalhar mais diante dos desafios raramente traga sucesso.

Você já deve ter ouvido falar da peça de 1949 de Arthur Miller, *A morte de um caixeiro viajante*, que ganhou diversos prêmios Tony e um Pulitzer. É considerada uma das maiores peças do século XX.[37] O roteiro retrata um vendedor bem-intencionado, Willy Loman, exausto após uma viagem de negócios cancelada, relembrando decisões de carreira e de vida que o levaram à falência financeira e moral. É um conto clássico de alguém que trabalhou muito, mas não de forma inteligente, e se esgotou sem que restasse nada de que se orgulhar.

Se sua resposta à adversidade é trabalhar mais e por mais tempo, em vez de optar por soluções mais inteligentes, certos comportamentos se manifestarão. Quanto mais intensamente o Motivador de Jornada trabalhar mais for mantido, mais exagerados esses comportamentos se tornarão. Vamos revisar os traços comportamentais observados com frequência em pessoas que sustentam o Motivador de Jornada trabalhe mais para resiliência:

COMPORTAMENTOS OBSERVADOS COM MAIOR FREQUÊNCIA
1. Persistente/Incansável
2. Comunicativo/Falante
3. Determinado/Impositivo

COMPORTAMENTOS OBSERVADOS COM MAIOR FREQUÊNCIA

4. Corajoso/Destemido

5. Teimoso/Inflexível

Lembre-se, esses comportamentos, por si só, podem levar a um desempenho de vendas inferior, quando comparado aos principais vendedores em nosso estudo. A alternativa é trabalhar de forma mais inteligente.

As pessoas mais bem-sucedidas trabalham arduamente, porém, de uma maneira inteligente. Elas mantêm o nível de persistência e determinação enquanto consideram outras formas de fazer as coisas. Trabalhar mais sem reservar tempo para trabalhar de forma mais inteligente é um hábito fácil de adquirir.

Autor do best-seller *Os 7 hábitos das pessoas altamente eficazes* (Best-Seller, 2022), Stephen Covey contava a história de um lenhador cuja serra fica cega com o passar do tempo. Ele tem muito trabalho a fazer e não quer parar para afiar a ferramenta. Porém, se ele parasse, afiasse a serra e voltasse a cortar, economizaria tempo e esforço. Covey escreveu: "Afiar a serra significa preservar e aprimorar o seu maior ativo – você mesmo. Isso significa ter um programa equilibrado de renovação pessoal nas quatro áreas da sua vida: física, social/emocional, mental e espiritual".

MOTIVADOR DE JORNADA 2
USO OS MOMENTOS DE ADVERSIDADE PARA ENCONTRAR FORMAS NOVAS E CRIATIVAS DE ALCANÇAR OBJETIVOS (TRABALHAR DE FORMA MAIS INTELIGENTE)

Por que alguns vendedores desabrocham na adversidade enquanto outros murcham? Um diferencial dos vendedores de alta performance é a capacidade de usar momentos difíceis para encontrar maneiras criativas de atingir seus objetivos.

Descobrimos que 86% dos vendedores de alta performance se enquadram nesse grupo.

O Dr. Jim Loehr é um ex-tenista profissional e renomado psicólogo do desempenho esportivo, além de cofundador do Human Performance Institute, na Flórida. Na década de 1980, dedicou-se a estudar os melhores tenistas do mundo para descobrir o que diferenciava os grandes competidores dos demais. O que torna seu trabalho único é o foco em um aspecto do jogo tradicionalmente ignorado: os quase 70% do tempo de uma partida em que os jogadores nem sequer estão na quadra.

Ele concluiu que a forma como os jogadores utilizam esse tempo fora de quadra é o que separa campeões de perdedores. A conclusão veio após assistir a centenas de horas de vídeos de jogadores de alto nível, onde ele encontrou pouquíssima diferença entre os competidores enquanto jogavam. Entre os pontos, porém, os melhores jogadores seguiam rituais que os outros não seguiam, e o faziam com extrema consistência.

Ritual um: após perder um ponto, o jogador de imediato balança a raquete mais uma vez e refaz o golpe como deveria ter sido. Ele repassa com o corpo e a mente os passos que conduzem ao sucesso e leva essa imagem positiva para o próximo posicionamento. Assim, a última lembrança de si mesmos não é a de uma falha, mas de um acerto.

Ritual dois: quando o jogador caminha para o fundo da quadra com a cabeça erguida e as costas retas, ele exala energia e confiança (não importa o que esteja sentindo). Ele sabe que cada reação negativa consome mais energia do que uma positiva. Campeões não desperdiçam energia.

Ritual três: é a recuperação, quando o jogador caminha para a linha de base ou para a cadeira sob o guarda-sol. Ele entra em uma minimeditação, respirando profundamente, contraindo e relaxando os músculos para que se mantenham soltos e focando os olhos nas cordas da raquete para minimizar distrações visuais. O objetivo é relaxar e dar tempo para que a recuperação física e mental ocorra.

Ritual quatro: é o único momento entre os pontos em que o pensamento consciente entra em cena. O jogador volta à linha de base, adota uma postura confiante e dá a si mesmo um discurso motivacional.

Por fim, no ritual 5, o jogador visualiza a bola indo para determinado local após a sua raquetada ou se vê rebatendo a bola lançada pelo oponente de uma maneira planejada. Durante essa visualização, segue um conjunto de ações invariáveis (como quicar a bola com repetição ou girar a raquete) para que o cérebro mais uma vez entre no ritmo ideal.[38]

Oito vezes campeão de Grand Slam, Andre Agassi foi descrito como "o melhor atleta em gerenciar o tempo entre os pontos que já vi", disse Loehr. "Se você analisar retrospectivamente, fosse após o ponto da vitória ou três bolas perdidas em seguida... não dava para dizer se ele tinha ganhado ou perdido um ponto. Ele seguia a rotina de modo integral: a caminhada, o movimento dos olhos, era o melhor".[39]

Na próxima vez que você assistir a uma partida em Wimbledon, agradeça a Loehr pela crescente tendência de grunhidos semiorgásmicos ao servir a bola. Ele notou que os melhores jogadores exalam profunda e ritmicamente quando acertam a bola. Eles aplicam um aspecto da recuperação que permite ao jogador se soltar, liberando a tensão e relaxando os músculos, o que aumenta a resiliência.

Jogadores menos experientes tendem a prender a respiração e acumular estresse, o que acaba por fadigar o corpo.

O ponto central do trabalho de Loehr é que o que você pensa determina como se sente, e essas emoções têm consequências físicas. A psicologia afeta a fisiologia. O ciclo é autoalimentado: a ansiedade compromete o corpo, levando a um desempenho ruim, que por sua vez gera mais ansiedade. Não é possível jogar no seu melhor se você estiver pensando negativamente. Pessoas mais resilientes demonstram emoções positivas, se recuperam mais rápido e têm maior probabilidade de vencer.

Quais traços de comportamento foram consistentes ao longo de cada transcrição de entrevista e o correspondente modelo comportamental de pessoas que apresentavam o Motivador de Jornada trabalhar de forma mais inteligente para resiliência?

COMPORTAMENTOS OBSERVADOS COM MAIOR FREQUÊNCIA
1. Expressivos
2. Decisivos/Firmes
3. Conciliadores/Calmos
4. Inquietos/Em movimento
5. Determinados/Enérgicos

Os vendedores que utilizam momentos de adversidade para encontrar formas novas e criativas de atingir seus objetivos são mais bem-sucedidos, na maior parte do tempo. Eles começam com a atitude de que todo problema é uma oportunidade para brilhar.

Essa visão é consistente com a maioria dos vendedores de alto desempenho, incluindo Phil Benton, da Adidas, que sugere que existe uma solução para cada problema, desde que se seja criativo o suficiente. Phil enfrentou um grande desafio em 2012, quando foi incumbido das entregas de sua empresa nos Jogos Olímpicos de Londres, ao mesmo tempo que gerenciava sua equipe de vendas. Com recursos limitados e uma longa lista de tarefas a cumprir, surgiram diversos desafios logísticos.

"Quase não tínhamos tempo, nem recursos", relembra ele. "Estava longe do ideal. Então, incentivei a equipe a pensar em três opções para cada desafio e debater qual delas era *a menos ruim*. Após cada ação, realizávamos análises para identificar o que havia saído errado, mas focávamos o que dera certo – para podermos repetir os métodos bem-sucedidos nas próximas tarefas."

Em uma situação cujo tempo era escasso, aceitar a opção "menos ruim" significava que as pessoas não se prendiam à busca pela perfeição. Ao substituir com sutileza o termo "revisão de sucesso" por "revisão pós-ação", a linguagem direcionava as pessoas à execução. Como disse o general George S. Patton Jr., enquanto comandava o Sétimo Exército dos EUA na Europa durante a Segunda Guerra Mundial: "Um bom plano violentamente executado agora é melhor do que um plano perfeito executado na próxima semana".[40]

Um conselho de Louis Jordan, ex-vice-presidente da Deloitte, é procurar oportunidades enquanto outros estão focados em ameaças. Ele nos disse: "Mudanças significativas estão ocorrendo regularmente em indústrias antes consideradas tradicionais. Por mais disruptivas e divisivas que essas mudanças possam ser, elas representam oportunidades para oferecer conselhos, porque há muita incerteza. Quando há incerteza, muitas perguntas são feitas. Por mais preocupante que isso possa ser para alguns, individual ou corporativamente, vejo como uma boa oportunidade para me aproximar dos clientes e ajudá-los em tempos incertos. Se você consegue responder às perguntas deles, está em uma posição muito favorável. Assim, quando houver uma mudança em seu mercado ou indústria, lembre-se de que esta é uma ótima oportunidade para fornecer orientação e aconselhamento. É claro que você pode enfrentar rejeições, mas constrói sua reputação como uma fonte de aconselhamento futuro".

Nossa pesquisa indica que profissionais de vendas por telefone enfrentam rejeições mais frequentemente do que qualquer outro papel de vendas. Em média, eles fazem cem contatos por turno, o que soma 2 mil tentativas de ligação por mês. Eles têm "conversas significativas" com 14% dessas chamadas, o que inclui falar com o contato-alvo ou com outros que oferecem orientações sobre quem é a pessoa certa. Dessas 280 conversas realizadas por mês, aproximadamente 3,5% (dez por mês) são registradas como oportunidades de vendas qualificadas no pipeline. Uma vez no pipeline, a taxa típica de conversão é de 30% (três vendas por mês). De ponta a ponta, profissionais de vendas por telefone enfrentam uma taxa de insucesso de 99,9985%.[41] E isso exige um alto nível de resiliência.

Psicólogos da divisão de Soluções de Saúde e Bem-Estar da Johnson & Johnson sugerem quatro dicas para aumentar a resiliência pessoal:

1. **Use o estresse a seu favor**

    "Existem vários tipos de estresse, nem todos são ruins", explica Raphaela F. O'Day, PhD., gerente sênior de Conteúdo Estratégico de Saúde e Ciência Comportamental da divisão de Soluções de Saúde e Bem-Estar da Johnson & Johnson. "Acreditamos que há uma grande oportunidade para ajudar as pessoas a identificar os diferentes tipos de estresse em suas vidas e reformular como pensam sobre – e agem em relação a – eles."

    Mas como fazer isso? Ajustando sua mentalidade para ver o estresse não como um obstáculo, mas uma ferramenta para o crescimento. Como diz Louis Jordan: "Trabalhar em uma variedade de ambientes de vendas desafiadores fornece a resiliência de que você precisa. Você ganha a habilidade de tratar sucesso e fracasso da mesma forma – de usar qualquer falha como um aprendizado. Você pode não ganhar hoje, mas, ao não ganhar, não perde automaticamente. Não existe fórmula fixa para vencer; você pode ter que recomeçar e tentar mais uma vez, mas essa é a diversão. Um dos melhores conselhos que já recebi foi de um antigo chefe. Estávamos em uma situação em que escolhemos a opção errada e as coisas não foram bem. Ele disse que, às vezes, você 'zigueia' quando deveria 'zaguear'; aprenda e siga em frente".

    Considere situações de trabalho que elevam estratosfericamente seus níveis de tensão. Você odeia dizer "não" aos seus superiores ou dar feedback negativo aos colegas? Em vez de evitar ou delegar essas tarefas a outras pessoas, desafie-se a realizá-las quando necessário.

Pode parecer desconfortável no início, mas com a prática você desenvolverá a capacidade de lidar melhor com esses momentos – e adquirir habilidades no processo que serão úteis em qualquer ambiente de trabalho.

2. **Faça da recuperação uma prioridade**

   Digamos que você esteja trabalhando oitenta horas por semana nos últimos três meses. Não surpreende que esse tipo de rotina intensa cause estresse excessivo e fadiga. No entanto, a maioria das pessoas que vive sob tais condições não se dá o tempo – ou, talvez, a permissão – para de fato descansar ocasionalmente. "A recuperação é vista como uma fraqueza", diz Jennifer Lea, coach de desempenho da Johnson & Johnson. "Todos estão estressados; todos precisam se esforçar."

   Além disso, quando a maioria das pessoas ouve a palavra "recuperação", tende a pensar em atividades passivas, como longas caminhadas na praia ou uma tarde assistindo à tevê com culpa – atividades que podem não atrair aqueles que preferem estar em movimento 24 horas por dia, 7 dias por semana.

   Mas atividades de baixo impacto não são a única maneira de revigorar e recarregar as energias. Exercícios vigorosos – como uma corrida rápida ou uma aula de spinning – também podem ser ótimos para ajudar a reiniciar e redirecionar sua mente cansada. Em resumo, Lea afirma que, seja o que for que funcione melhor para você, "essas são as coisas que você deve buscar fazer com regularidade para lidar com os períodos de estresse que todos enfrentamos".

3. **Diferencie estresse contínuo de estresse ocasional**

   Os estressores assumem muitas formas insidiosas. Pense nas maiores fontes de estresse em sua vida. Eles são crônicos, como irritações diárias, por exemplo, uma criança teimosa que se recusa a comer todas as noites ou um colega de trabalho que habitualmente deixa as coisas inacabadas? Ou é algo com prazo final, como planejar um casamento ou uma apresentação importante no trabalho?

Uma vez que você determina o tipo de estresse que está enfrentando, pode descobrir a melhor maneira de gerenciá-lo, minimizá-lo ou superá-lo. "O estresse com recuperação estratégica nos permite crescer gradualmente e, portanto, nos tornarmos mais resilientes aos desafios que enfrentamos", explica Lea.

- Tradução: adapte seu tempo de recuperação ao tipo de carga que está enfrentando. Se forem do tipo contínuo, agende pausas regulares e recorrentes em seu calendário. Mas, se você sabe que terminarão em determinado momento, mantenha os olhos no prêmio e planeje um tempo sério de recuperação como recompensa no final. Olá, férias!

4. **Reformule o que você pensa sobre o fracasso**

Assim como o estresse, o fracasso em algum momento da vida não é apenas normal, mas inevitável. Então, da próxima vez que você errar no trabalho, não veja isso como uma falha de caráter ou um sinal de que é incapaz e pouco qualificado. Encare como uma oportunidade para aprender com os erros.

Se perdeu um prazo importante, por exemplo, pense em como pode gerenciar melhor o tempo para cumprir o próximo pontualmente. Ou, se você se esqueceu de comparecer a uma reunião, descubra quais alertas ou lembretes de calendário pode configurar para que isso não aconteça mais uma vez.

Em outras palavras, em vez de se culpar, concentre-se em se recuperar rapidamente do fracasso e em como tomar decisões melhores no futuro para ajudá-lo a evitá-lo. "Isso", diz Lea, "é a [verdadeira] medida de resiliência."[42]

O fato é que ninguém é perfeito, e muitas vezes somos nossos piores críticos. Pode ser difícil para algumas pessoas, mas ter a coragem de pedir ajuda a outras faz maravilhas. "Um problema compartilhado é um problema reduzido pela metade", diz o provérbio. Quantos de nós podemos olhar no espelho e dizer com sinceridade que a pessoa refletida tem força de caráter para fazer isso com tanta frequência quanto poderia?

* * *

Na próxima página, há uma folha de exercícios para a Crença de Destino da resiliência. Encontre um lugar tranquilo, contemple as perguntas e escreva suas respostas. Isso o ajudará ao longo da jornada de aplicação do código secreto do vendedor. Em seguida, fornecemos mais percepções sobre resiliência, compartilhadas pelos Icônicos entrevistados para a pesquisa.

MINHA REVISÃO DE RESILIÊNCIA

Pergunta 1. Você é uma pessoa que "cerra os dentes" ou enfrenta os desafios da vida de forma otimista? Qual o equilíbrio entre essas duas abordagens que observa em si mesmo? Quais exemplos pode citar?
_____
_____
_____

Pergunta 2. Como você desenvolve continuamente sua rede pessoal em momentos de prosperidade, para que, quando as coisas derem errado, tenha um grupo de apoio pronto?
_____
_____
_____

Pergunta 3. Você considera os momentos de adversidade oportunidades para "ir contra a maré" ou prefere "manter a cabeça baixa"?
_____
_____
_____

Pergunta 4. Como você reage emocionalmente em períodos de desafios e adversidades? O que isso pode revelar sobre você?
_____
_____
_____

PERCEPÇÕES ADICIONAIS DE RESILIÊNCIA DOS VENDEDORES DE ALTO DESEMPENHO

1. Estamos familiarizados com "as vozes" da nossa mente. Esse é um fenômeno que os psicólogos chamam de "diálogo interno". As pessoas ouvem palavras (em geral, no próprio sotaque) ou veem ideias surgirem como imagens, sentimentos ou até mesmo downloads de pensamentos formados. Isso varia. Nosso diálogo interno pode nos elevar ou nos criticar. Os profissionais de alto desempenho mantêm essa voz em um tom positivo. Se expressa críticas, eles decidem se são construtivas e justificadas. Caso sejam, eles escutam e aprendem. Se a voz tender ao medo ou a crenças limitantes, eles reestruturam o diálogo da seguinte forma:

Crença limitante	Comportamento resultante	Crença reformulada	Comportamento resultante
Essa reunião de vendas será difícil	• Cauteloso • Defensivo • Pessimista	*Essa reunião de vendas será a minha chance de ofuscar os demais*	• Criativo • Otimista • Corajoso
A reunião de hoje será chata	• Cansado • Desanimado • Avoado	*A reunião de hoje é fundamental para alavancar minha carreira*	• Enérgico • Entusiasmado • Visionário
Não vou fechar esse negócio	• Deprimido • Temeroso • Resignado	*Sei o que fazer para cruzar a linha de chegada*	• Excitado • Empolgado • Desafiado

FIGURA 5

Reformulando o diálogo interno

2. Tire forças dos tempos em que você estava no auge. Lembre-se de uma venda que progrediu muito bem. Visualize suas atitudes, o que disse e como se sentiu. Recorde-se de como se preparou lógica e emocionalmente. Respeite sua habilidade de alcançar o topo. Se você já fez isso antes, pode fazer mais uma vez. Todas as vezes. Hoje. Se é novo em vendas, lembre-se de si mesmo em uma situação diferente, porém entregando um trabalho extraordinário. Valorize isso como uma vela muito potente quando se sentir perdido na escuridão.

3. Desenvolva uma enorme resiliência equilibrando seu bem--estar físico e emocional:

   a. **Seu corpo:** o que você come, como dorme, sua rotina de exercícios, o equilíbrio entre trabalho e vida, descanso e recuperação.

b. **Sua mente cognitiva:** como você se mantém em aprendizado constante e processa suas experiências. Como se relaciona com o mundo ao seu redor.

c. **Sua mente emocional:** entenda quais são os gatilhos das suas emoções ruins – quebre o padrão; reescreva o roteiro. Como você reconhece seus talentos únicos e os canaliza em um estado positivo de bem-estar.

d. **Sua mente voltada para propósitos:** conheça seus valores, código moral e propósito de vida; estabeleça rituais para alcançar o equilíbrio.

4. Em tempos de mudança e desafios, considere o axioma "um problema compartilhado é um problema reduzido pela metade". Compartilhe seus desafios. Trabalhando de maneira colaborativa com outras pessoas, vocês podem somar talentos, perspectivas e experiências. Deixe que as contribuições de seus colegas o estimulem. Alguns vendedores juntam os colegas em uma sala. Outros fazem chamadas ou mandam mensagens para seus mentores. É uma prática que vem ganhando força postar desafios nos negócios no LinkedIn ou no Quora (porém, certifique-se de não mencionar clientes, chefes ou adversários pelo nome).

5. A resiliência e a vitalidade podem ser prejudicadas quando você não tem nada para fazer. O tédio cria um cenário que permite que os arautos da desgraça façam a festa. Preencha seu dia proativamente com planos, ações, minimetas e muitas pequenas vitórias. Viva sua vida com propósito e desenvolva um senso de realização para que, quando os momentos difíceis chegarem (e eles chegarão), você esteja pronto para se reerguer com rapidez.

O QUE SE PASSA NA MENTE?

O psicólogo diz...
O cérebro é um órgão fascinante e ainda um tanto desconhecido. Contudo, à medida que aprendemos mais sobre como ele funciona – a relação de causa e efeito dos impulsos gerados em sua atividade sobre nosso bem-estar mental e físico –, entendemos cada vez mais que a mente e o corpo fazem, de fato, parte de um mesmo sistema integrado e interdependente. Claro, há muitos estudiosos religiosos que afirmam que seus valores e crenças já incorporavam essa ideia há milhares de anos. E é provável que eles estejam certos!

Em sua obra seminal *Why Zebras Don't get Ulcers*, o Dr. Robert Sapolsky ilustra como níveis constantemente elevados de ansiedade, adrenalina e cortisol no sangue, combinados com um aumento na frequência cardíaca, causam estresse. Isso pode, por um lado, salvá-lo dos leões ou, por outro, não causar danos no longo prazo, pois, afinal, você acabará sendo o almoço. Nós carregamos esses padrões básicos de lutar ou fugir para o nosso mundo corporativo moderno e, ao contrário das zebras, nos esquecemos de desligá-los. O resultado é uma espiral descendente de desempenho.[43]

A Sociedade Americana de Psicologia descreve a resiliência como "o processo de se adaptar bem diante de adversidades, traumas, tragédias, ameaças ou fontes significativas de estresse, como problemas familiares e relacionamentos, problemas graves de saúde ou estressores no trabalho e financeiros. Significa recuperar-se de experiências difíceis". Uma reação natural de muitas pessoas em ambientes estressantes, como vendas, é enfrentar o desafio ou a dificuldade – correr mais rápido, fazer mais ligações, argumentar com mais intensidade etc. Isso pode, de fato, ter um efeito positivo, desde que o indivíduo tenha capacidade. Trabalhar mais é, sem dúvida, parte da solução. Profissionais e líderes de vendas podem se beneficiar de conversas abertas e honestas quando um esforço adicional é uma solução potencial em tempos difíceis.

Os vendedores de melhor desempenho também trabalham de maneira mais inteligente. Parte dessa "inteligência" está na forma como processam o que está acontecendo com eles e ao redor deles, o que lhes dá mais opções do que simplesmente correr mais rápido para ficar no mesmo lugar. Aqui estão cinco maneiras pelas quais vendedores e líderes podem criar um ambiente em que a *inteligência* tenha mais chances de vencer:

1. **Seja realista – reconheça uma "ameaça" no começo.** Não entre em um estágio de negação. Seja honesto consigo mesmo sobre o que está acontecendo. Esse é um comportamento inteligente.

2. **Gerencie seu estado emocional.** Reações de pânico ou impulsivas não ajudam. Fazer uma pausa, refletir, tornar-se aberto e aceitar pode permitir uma avaliação calma e racional. Novas ideias e planos vão surgir, e um estado de "renovação" é criado. Isso é inteligente.

3. **Identifique a "boa intenção" em suas dificuldades atuais.** Pessoas resilientes procurarão por algo possivelmente bom na situação em que se encontram. Por exemplo, os negócios vão mal e há poucos clientes. A "boa intenção" talvez seja você criar coragem de buscar novos mercados, mudar o produto, alterar o sistema de precificação etc. Resumindo, da adversidade vem a inovação… e isso é inteligente.

4. **Compartilhe sua dor.** O fato é que as pessoas que têm uma rede de contatos ampla e de confiança têm mais chances de superar uma dificuldade do que aquelas que não têm com quem contar. Isso significa que devíamos estar prontos e capazes de demonstrar empatia pelos outros quando passarem por momentos difíceis. Quando for a sua vez, talvez você se surpreenda com quantas pessoas oferecerão ajuda e apoio. Compartilhar é um movimento inteligente.

5. **Cuide-se mais do que nunca.** Atletas campeões precisam de descanso e dieta apropriados para complementar seu regime de exercícios. Vendedores não são diferentes. Nós não esperamos que Usain Bolt vença os cem metros exausto. O sucesso começa com autorrespeito, e parte disso é se cuidar. O que pode ser mais inteligente do que isso?

A ÚLTIMA PALAVRA SOBRE RESILIÊNCIA

Esta é uma história popular e frequentemente contada. Não sabemos de onde ela veio, mas a adoramos e queremos compartilhar sua mensagem com você.

Batatas, ovos ou café?
Era uma vez uma filha que se queixava ao pai de que sua vida era difícil e ela não sabia como superar os desafios que enfrentava. A filha estava cansada de lutar dia após dia. Parecia que, assim que um problema era resolvido, outro logo surgia. Seu diálogo interno era muito limitante.

Seu pai, um chef, levou-a para a cozinha. Encheu três panelas com água e pôs cada uma no fogão. Assim que a água começou a ferver, pôs batatas na primeira panela, ovos na segunda e grãos de café moídos na terceira.

Ele deixou tudo fervendo, sem dizer uma palavra à filha. Ela reclamou e resmungou, ficando impaciente com aquele exercício maluco.

Depois de vinte minutos, o pai desligou as bocas do fogão. Ele retirou as batatas da panela e as depositou em uma tigela. Tirou os ovos e os deixou em uma tigela. Em seguida, pegou uma concha e serviu o café em uma xícara. Virando-se para a filha, perguntou:

– O que você vê?

– Batatas, ovos e café – ela respondeu apressadamente.

– Olhe mais de perto – ele disse. – Toque as batatas.

A garota fez isso e percebeu que estavam macias. Ele então pediu que ela pegasse um ovo e o quebrasse. Após remover a casca, ela revelou o ovo cozido por dentro. Por fim, ele a convidou a provar o café. Quando o fez, os aromas e sabores a envolveram, fazendo-a se sentir muito bem.

– Pai, o que isso significa? – perguntou.

Ele então explicou que as batatas, os ovos e os grãos de café enfrentaram o mesmo desafio: a água fervente. No entanto, cada um reagiu de forma diferente.

A batata entrou forte, dura e resistente, mas na água fervente ficou macia e fraca.

O ovo era frágil, com a casca protegendo seu interior macio. No entanto, quando colocado na água fervente, seu interior ficou endurecido.

Por outro lado, os grãos de café moídos eram diferentes. Após serem expostos à água fervente, transformaram a água. Criaram algo.

– Qual deles você é? – perguntou o homem à filha. – Quando as coisas ficam difíceis para você, como você responde? Você é uma batata, um ovo ou um grão de café?

CRENÇA DE DESTINO
ENFRENTAR DESAFIOS E ADVERSIDADES SIMPLESMENTE FAZ PARTE DA VIDA (RESILIÊNCIA)

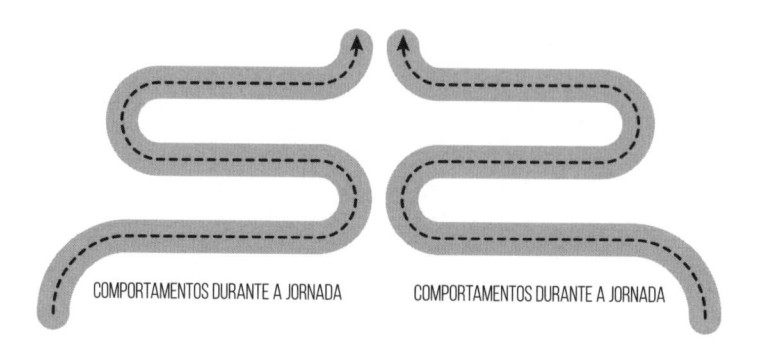

COMPORTAMENTOS DURANTE A JORNADA COMPORTAMENTOS DURANTE A JORNADA

ALTO 100% — **41%** — **EQUILIBRADO** 0% — **59%** — **ALTO** 100%
ESPECTRO DE INTENSIDADE

MOTIVADOR DE JORNADA 1
Diante do desafio,
trabalho ainda mais
para superá-lo
e vencer
(Trabalhar mais)

MOTIVADOR DE JORNADA 2
Uso os momentos de
adversidade para encontrar
formas novas e criativas
de alcançar objetivos
(Trabalhar de forma mais inteligente)

De todos os vendedores, 91% disseram que acreditavam que tiveram que trabalhar mais arduamente para fechar negócios.

Televendedores enfrentam uma taxa de fracasso de 99.9985%, mais alta do que em qualquer outro tipo de venda.

Trabalhar mais arduamente pode se tornar um hábito fácil de adotar. No entanto, Stephen Covey conta uma história sobre um lenhador cuja serra fica cada vez mais cega à medida que ele continua cortando árvores. Se o lenhador parasse de serrar e afiasse a serra antes de voltar ao trabalho, economizaria tempo e esforço no longo prazo. A analogia é fácil de lembrar, mas difícil de colocar em prática. Veja o que Covey diz sobre afiar a serra em sua vida: "Afiar a serra significa preservar e melhorar o seu maior ativo – você. Significa ter um plano equilibrado de renovação pessoal nas quatro áreas da sua vida: física, social/emocional, mental e espiritual."

Afiar a serra é um excelente hábito para todas as áreas da sua vida, mas acreditamos que pode ser especialmente benéfico quando relacionado à resiliência.

95% dos profissionais de baixo desempenho acreditam que "as circunstâncias às vezes conspiram contra eles".

83% dos profissionais de alta performance desenvolvem continuamente sua rede pessoal em tempos favoráveis, para que, quando as coisas derem errado, eles

93% dos profissionais de alta performance conseguem articular claramente por que fazem o que fazem.

CAPÍTULO CINCO

INFLUÊNCIA

CRENÇA DE DESTINO
VENDEDORES BEM-SUCEDIDOS SÃO INFLUENTES (INFLUÊNCIA)

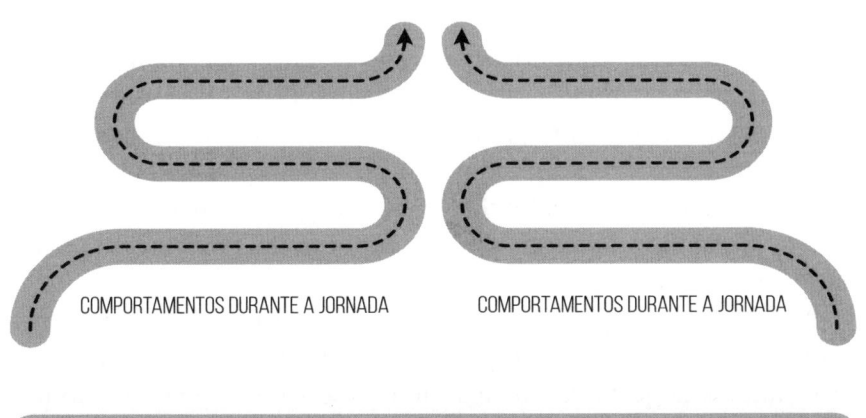

COMPORTAMENTOS DURANTE A JORNADA   COMPORTAMENTOS DURANTE A JORNADA

ALTO — EQUILIBRADO — ALTO
ESPECTRO DE INTENSIDADE

MOTIVADOR DE JORNADA 1
Quanto mais forte eu sou,
maior é a minha influência
(Gorila)

MOTIVADOR DE JORNADA 2
Quanto mais flexível eu sou,
maior é a minha influência
(Guerrilha)

Todos os profissionais de vendas com quem conversamos durante nossa pesquisa acreditam que vendedores bem-sucedidos usam influência e persuasão para abrir portas, coletar informações e conquistar comprometimento. Eles persuadem os potenciais clientes a reconhecerem uma necessidade que antes não percebiam, a sentirem urgência para agir com rapidez e a preferirem determinado fornecedor.

Ao mesmo tempo que trabalham para influenciar os clientes, os melhores vendedores também influenciam chefes e colegas. Se você perguntar aos diferentes departamentos o que acham de um vendedor influente, ouvirá que se identificam com ele em termos culturais, gostam dele socialmente e o valorizam em âmbito comercial. Essas pessoas estão dispostas a ajudar o vendedor a atingir suas metas, oferecendo recursos especiais, condições de preços ou prazos que geralmente não são concedidos a outros. Tal demonstração de boa vontade não está relacionada a favoritismo, tempo de empresa ou posição hierárquica formal. Tudo isso é conquistado por meio de influência. Repetidas vezes, as transcrições de nossas entrevistas mencionaram exemplos de profissionais de alta performance que reconhecem ter esse impacto e não têm medo de tirar o máximo proveito dele.

Os persuasores têm opiniões firmes sobre como desejam que o mundo seja. Eles têm habilidade para se aproximar daqueles que podem ajudá-los a juntar as peças e depois influenciar essas pessoas para fazer acontecer.

À primeira vista, a influência pode parecer muito semelhante à sua prima obscura, a *manipulação*, então precisamos entender os Motivadores de Jornada que a sustentam e a diferenciam como um elemento ético na venda profissional.

Podemos observar os dois Motivadores de Jornada a seguir em termos de uma mentalidade de gorila (o primata musculoso que consegue o que quer pela força bruta) versus uma perspectiva de guerrilha (combatentes irregulares que lutam usando meios criativos e não convencionais).

O primeiro Motivador de Jornada que sustenta essa parte do código é que a influência é conquistada por meios *formais*. Isso ocorre quando o vendedor afirma sua autoridade ou cargo, sua reputação, o poder da marca corporativa ou depoimentos para fazer com que novos clientes se sintam em boas mãos e pensem duas vezes antes de comprar de outra pessoa. Eles tendem a direcionar as conversas para o mais alto cargo formal que conseguem alcançar na empresa do cliente. Acreditam que a influência começa no topo e flui para baixo, com base em uma posição de força. Trata-se de ser o gorila mais dominante, com o pensamento de que "quanto mais forte eu sou, maior é a minha influência".

O segundo Motivador de Jornada é que a influência é conquistada por meios *informais*. Aqui, o vendedor não depende (ou pode não ter) de uma marca ou reputação dominante e não se concentra apenas em contatos de alto nível na empresa do cliente. Em vez disso, trabalha como rede ativa, atento às necessidades de muitas pessoas, e busca fazer uma contribuição nova, em vez de se definir por conquistas passadas.

Sua rede de contatos se estende tanto a profissionais de níveis hierárquicos baixos quanto altos, garantindo que sejam comentados positivamente pelo maior número possível de pessoas. Isso ocorre porque, de fora da empresa do cliente, de início eles não têm como saber quem são os líderes de opinião. Assim, mobilizam partidários e aliados em vários departamentos, em todos os níveis.

Isso funciona porque, em algum lugar dentro dessa empresa, há pessoas com influência sobre agendas e decisões. Elas fazem parte do clube – aquele círculo de pessoas que decide o que é valioso, que cultura prevalecerá na empresa, qual comportamento é aceitável e para onde a empresa ou o departamento deve ir em seguida. Elas puxam as cordas e estão no centro da rede informal.

Certamente você já viu essas pessoas antes. São aquelas que entram atrasadas em uma reunião sem serem criticadas, enquanto outros são repreendidos pelo mesmo motivo. São as pessoas a quem os outros recorrem em uma reunião e perguntam: "O que você acha?" antes de tomar uma decisão – ainda que pareçam não ter autoridade. São as pessoas que conseguem contratar novos funcionários mesmo durante um congelamento de contratações. Elas conseguem recursos quando outros não conseguem. Podem ou não ser os funcionários mais antigos. Seus cartões de visita podem ou não ter um título sênior. No entanto, qualquer que seja sua posição, as pessoas as tratam de forma diferente. Elas são conectadas, poderosas.

À primeira vista, você não pode saber quem são essas pessoas, e é improvável que sua primeira entrada em uma empresa seja por meio da pessoa mais influente. Portanto, é sensato pousar e expandir: uma vez que você passe pelo portão, conecte-se a várias pessoas e marque sua presença. Continue prospectando. Faça conexões. Os vendedores de menor desempenho não falam com a mesma intensidade que os de alto desempenho sobre a necessidade de expandir sua rede, sua influência. Os de alto desempenho parecem gostar do desafio de escalar a "montanha da influência". À medida que escalam montanha, garantem vários pontos de ancoragem; se uma amarra se soltar, as outras os manterão firmes.

Há algum teste que você possa realizar para saber quais contatos têm influência? Claro que sim! Teste se as ações das pessoas vão além de suas palavras, ou se prometem muito, mas entregam pouco. Você pode pedir um endereço de e-mail, uma introdução, o plano estratégico do próximo ano ou o organograma da empresa. Apenas certifique-se de pedir *algo* e veja se dizem que é impossível ou se simplesmente resolvem. Os vendedores de baixo desempenho temem que pedir algo assim seja "forçar a sorte", então tendem a pedir menos. Já os vendedores de alto desempenho criam a própria sorte: muitos no grupo de alta performance afirmaram testar o poder de outros pedindo coisas que apenas uma pessoa influente pode oferecer. Assim, descobrem quem de fato tem influência.

Quando você encontra pessoas que fornecem evidências de que estão no círculo interno da empresa, mostre de que lado você está – do lado delas. Seu objetivo é contribuir para os negócios ou ambições pessoais delas. Mostre que você pode levá-las de onde estão hoje para onde decidiram ir no futuro. Seja a ponte. Quando se posicionar dessa maneira, elas farão a maior parte de suas vendas por você, porque será de interesse delas ajudá-lo.

Isso é um pouco de política e um pouco de influência. Certamente não é a abordagem rígida e hierárquica de cima para baixo que as pessoas seguem quando seu sistema de crenças está fixado no fluxo da força formal (Motivador de Jornada 1). Não, este é o plano de batalha usado pela guerrilha que abraça o Motivador de Jornada 2, que diz "Quanto mais flexível eu sou, maior é a minha influência". Elas sabem que, para se conectar com pessoas influentes na organização do cliente, precisam ser vistas como pessoas influentes na própria organização e além dela.

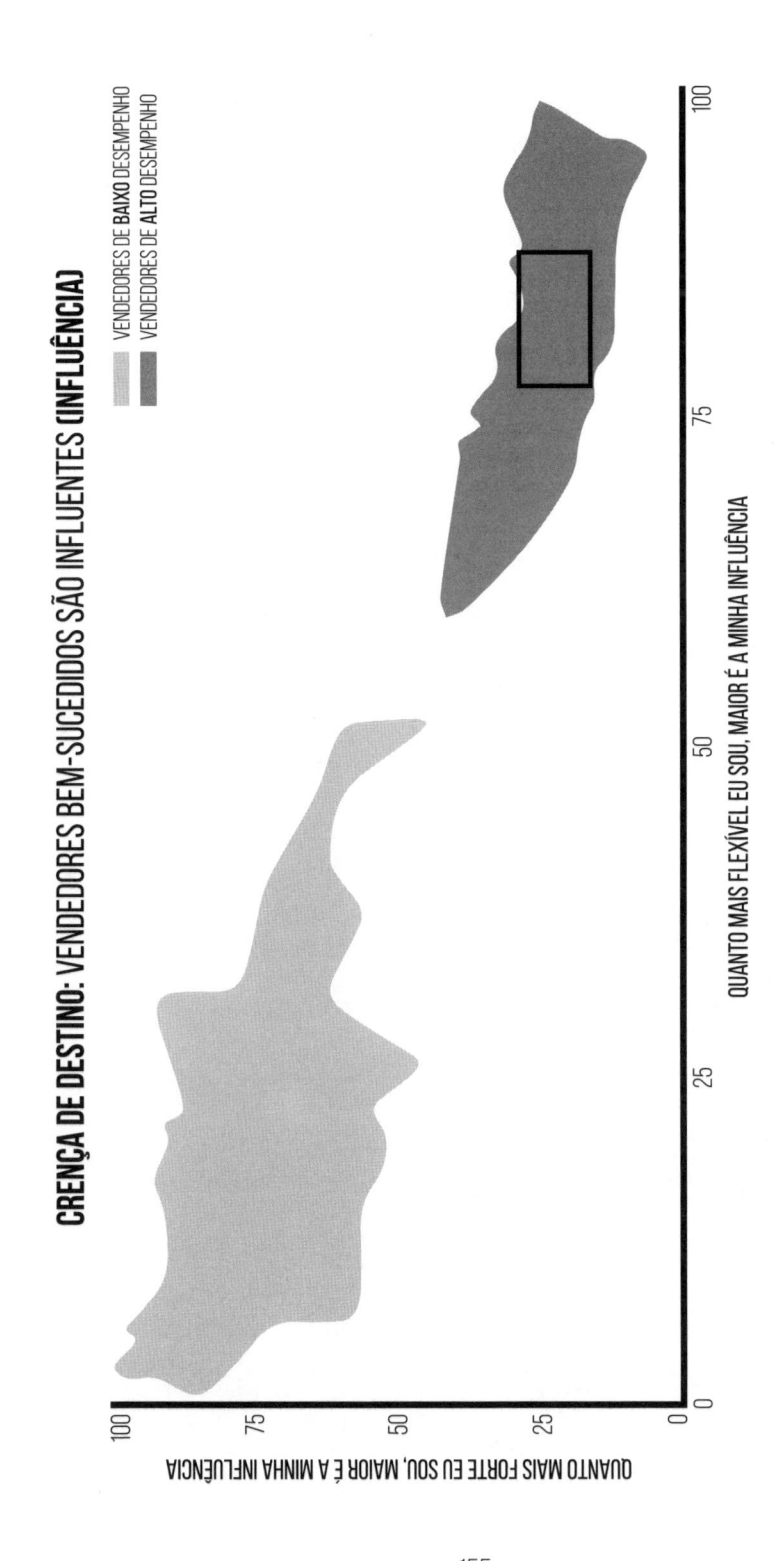

CRENÇA DE DESTINO: VENDEDORES BEM-SUCEDIDOS SÃO INFLUENTES (INFLUÊNCIA)

■ VENDEDORES DE **BAIXO DESEMPENHO**
■ VENDEDORES DE **ALTO DESEMPENHO**

QUANTO MAIS FORTE EU SOU, MAIOR É A MINHA INFLUÊNCIA

QUANTO MAIS FLEXÍVEL EU SOU, MAIOR É A MINHA INFLUÊNCIA

FIGURA 6

Distribuição dos Motivadores de Jornada para influência

Nossa pesquisa descobriu que os melhores vendedores são impulsionados por ambos os Motivadores de Jornada, mas a influência do tipo guerrilha é aplicada três vezes mais frequentemente do que o poder do tipo gorila quando os quando os profissionais de alto desempenho estão em campo vendendo. A posição ideal para a influência, portanto, é 74% guerrilha e 26% gorila. Vamos explorar os Motivadores de Jornada em mais detalhes.

MOTIVADOR DE JORNADA 1
QUANTO MAIS FORTE EU SOU, MAIOR É A MINHA INFLUÊNCIA (GORILA)

De acordo com os vendedores que apresentam este Motivador de Jornada, há valor em acordar cedo, ficar até tarde no escritório, virar noites preparando apresentações para o dia seguinte, ser assertivo e continuar insistindo mesmo após ouvir "não" várias vezes. Eles buscam obter informações diretamente do contato mais graduado do cliente e, em seguida, trabalham de cima para baixo. Tendem a provocar o cliente a enfrentar seus problemas ou reconhecer suas inadequações. Utilizam perguntas desafiadoras e apresentam alternativas convincentes ao status quo, o que estabelece o vendedor como uma força a ser reconhecida, um líder de pensamento, alguém a ser levado a sério.

Os vendedores que vivem segundo este Motivador de Jornada conhecem profundamente o assunto. São especialistas em produtos e mestres em questões de negócios, orgulhando-se de sua habilidade em conduzir o cliente por diversas etapas de investigação, tendo as "respostas certas" para eles e fluidez ao narrar as apresentações fornecidas pelo departamento de Marketing.

Esses vendedores dizem a si mesmos que usar perguntas desafiadoras prova que têm a expertise necessária para conquistar confiança, além de demonstrar um desejo genuíno de entender a situação do cliente. Diversos vendedores desse grupo nos disseram: "Fazer perguntas desafiadoras mostra ao meu cliente que sei do que estou falando, faz com que parem e pensem, e me ajuda a estabelecer credibilidade para a solução que estou apresentando".

Este Motivador de Jornada está enraizado em uma apreciação pelo poder da persuasão e se manifesta como uma paixão pelo produto ou serviço que está sendo vendido.

No entanto, 56% dos vendedores que adotam este Motivador de Jornada com alta intensidade são de baixo desempenho!

Essa descoberta é um choque porque parece contradizer várias décadas de treinamentos modernos de vendas que buscavam ensinar vendedores de negócios para negócios (B2B) a fazer perguntas melhores, ajudando o cliente a conectar os pontos. Não se trata de uma falha na direção ensinada, mas de um problema na sua execução.

Muitos vendedores ainda transmitem uma imagem dogmática e manipuladora. Demonstram uma falsa escuta ao cliente, apenas aguardando sua vez de falar novamente. Sua paixão por convencer, persuadir ou até coagir torna-se o fim que justifica os meios. A conversa vira menos uma descoberta mútua e mais uma imposição de suas crenças (ou produtos) sobre o cliente.

Os compradores dizem que saem desses encontros impressionados pelo compromisso do profissional com o que está sendo vendido e, muitas vezes, mais bem informados com curiosidades e estatísticas interessantes. No entanto, confessam sentir-se assediados e até insultados pelo que pode soar como uma atitude superior ou um "monólogo". Alguns afirmaram que isso beirava a negligência, com o vendedor falhando em compreender as necessidades do cliente porque as perguntas eram vazias e a escuta quase inexistente.

Mas, à primeira vista, esses vendedores não parecem de baixo desempenho. Veja a seguir os traços de comportamento consistentes em cada transcrição de entrevista e o modelo comportamental correspondente que coletamos de pessoas com um Motivador de Jornada gorila para influência de alta intensidade:

COMPORTAMENTOS OBSERVADOS COM MAIOR FREQUÊNCIA
1. Agressivo/Desafiador
2. Persistente/Tenaz
3. Ousado/Corre riscos
4. Invencível/Determinado
5. Inabalável/Firme

Olhe para a lista! Imagine que você está contratando novos vendedores e vê este perfil para um dos candidatos. A maioria dos recrutadores de vendedores o contrataria imediatamente. Parece um conjunto invejável de "balas de prata" para o sucesso em vendas. Contudo, sem a disciplina adequada, essas "balas" podem sair pela culatra.

Descobrimos que a raiz do problema está no tema da persuasão. Grandes vendedores conseguem persuadir os outros porque primeiro persuadiram a si mesmos de que sua oferta é útil, tem valor e é superior às soluções dos concorrentes. Mas a autopersuasão pode estar a um passo da autoilusão. Persuadir-se demais pode fazer com que o vendedor fique cego e surdo à real situação do cliente, transformando-o em um fanático. Algumas empresas percebem isso e dão a esses profissionais o título de *pregadores* dentro do departamento de marketing de produtos. Outras empresas não percebem e os deixam na força de vendas.

Os clientes enxergam esse comportamento em um piscar de olhos. E, quando expressam dúvidas, indecisões ou um ponto de vista contrário, o Gorila responde com um contra-argumento "sim, mas", buscando vencer a objeção e ajudar o cliente a "voltar aos trilhos". Mas de quem são os trilhos que o vendedor está seguindo? Com certeza, não são do comprador. E esse é o problema. Eles não estão realmente facilitando uma descoberta mútua, mas manipulando um resultado.

Ao cruzar referências com outras áreas d'*O código secreto*, aprendemos que vendedores que se comportam dessa maneira também apresentam um alto medo do fracasso. Eles "enterram a cabeça na areia", não ouvem as respostas dos clientes às suas perguntas e tentam fechar a venda em todas as oportunidades (com frequência de forma prematura), porque enxergam o fechamento como um atributo do controle e poder que desejam. Gorilas gostam de rugir e bater no peito.

É claro que os vendedores desse grupo não reconhecem que são de baixo desempenho. Os recrutadores que analisam seu perfil de comportamento também não percebem. Eles tendem a trabalhar mais horas que seus colegas, fazer mais ligações, *merecer* mais sucesso, mas alcançar menos. Isso gera confusão, porque não faz sentido para eles. Então, o Gorila dobra a aposta: faz ainda mais ligações, fala ainda mais rápido, narra suas apresentações com ainda mais paixão ou detalhes técnicos para provar seu conhecimento e se exaspera se o cliente "não entende".

Pesquisas realizadas pela University of Bath e pela Cranfield School of Management oferecem uma percepção fascinante. Um estudo publicado na *Harvard Business Review* concluiu que existem quatro tipos de vendedores, e cada tipo utiliza os comportamentos de gorila e guerrilha de maneiras diferentes:[44]

Vinte e quatro por centro dos vendedores são **Mestres**. Destes, 100% impulsionam os próximos passos, e 84% pedem pela venda. Mestres são versáteis, capazes de vender produtos ou soluções de valor agregado com a mesma eficiência. Se há uma fraqueza, é a tendência de presumir que seu valor é óbvio e que o cliente está tão preparado para comprar quanto eles estão para vender.

Trinta e nove por cento dos vendedores são **Fechadores**. Destes, 94% impulsionam os próximos passos e 62% pedem pela venda. Fechadores são bem adequados para produtos de commodities, que podem ser apresentados, negociados e fechados rapidamente. Tendem a ignorar a qualificação de necessidades e ir direto para o pitch. Compradores que buscam eficiência transacional apreciam sua economia. Porém, compradores de soluções os consideram insistentes.

Vinte e dois por cento dos vendedores são **Narradores**. Destes, 65% impulsionam os próximos passos, mas apenas 36% pedem pela venda. Narradores vendem utilizando demonstrações, catálogos, roteiros e apresentações pré-formatadas. São especialistas em produtos e gênios técnicos. Se um cliente apresenta uma resposta ou objeção fora do roteiro, esses "panfletos falantes" veem isso como um desafio e reagem com todo o conhecimento técnico que podem reunir, para provar sua superioridade.

Quinze por cento dos vendedores são **Socializadores**. Apenas um terço desses impulsiona os próximos passos, e apenas 27% pedem pela venda. Socializadores se destacam no gerenciamento da rede de contatos e no atendimento ao cliente, mas enxergam os clientes como amigos – e sentem que é rude pressioná-los. Essa dinâmica pode gerar altos custos de venda, porque eles esperam que o comprador dê o próximo passo e *frequentemente* oferecem descontos após receber o pedido, para "adoçar o negócio".

Observamos que os 56% dos vendedores que se encaixam no Motivador de Jornada gorila para influência têm uma forte correlação com os 61% dos vendedores que seguem os ciclos de persona de Fechadores e Narradores. O Motivador de Jornada "quanto mais forte eu for, maior a minha influência" permeia o *modus operandi* tanto dos Narradores, que bombardeiam compradores com ideias provocativas, fatos, números e domínio técnico de produtos, quanto dos Fechadores, que utilizam lógica ou emoção para ganhar influência.

Também identificamos uma conexão entre os 24% dos vendedores que seguem o ciclo de persona dos Mestres e o Motivador de Jornada guerrilha. Vamos examinar esse grupo a seguir.

MOTIVADOR DE JORNADA 2
QUANTO MAIS FLEXÍVEL EU SOU, MAIOR A MINHA INFLUÊNCIA (GUERRILHA)

Vendedores de alto desempenho acreditam que influenciar não se trata de impor sua vontade ao cliente. Alcançar um resultado favorável, que seja um ganha-ganha, exige adaptabilidade, pois uma abordagem única não atende a todos, e cada cliente é único. Isso também implica que nem todo cliente é adequado para você como vendedor (aqui entra o papel da qualificação de vendas) e que sua solução pode não ser a ideal para todos os compradores (neste caso, você informa ao cliente que não é a melhor opção, mas o ajuda a encontrar outra).

Guerrilhas conseguem lidar com esse nível de adaptação. Gorilas, não. Para eles, deixar um cliente "escapar" é algo inconcebível, e por isso muitas vezes tentam forçar um encaixe onde ele não existe.

A icônica vendedora de pianos Steinway, Erica Feidner, coloca as peças certas nos lugares certos. Ela nos diz que o que faz não é vender, mas "combinar".

"Eu memorizo o som, tom, tamanho, modelo e número de série de cada piano Steinway no meu estoque", disse Erica. "Quando os clientes entram em uma de minhas lojas, descubro tudo sobre eles: sua idade, nível de experiência, como posicionam as mãos sobre o teclado, como tocam as notas, seus planos de melhorar no piano ou manter o nível atual, e o que a música em casa significa para eles – se é algo passageiro ou um presente para a vida toda. Esse conhecimento me ajuda a combinar o som que melhor se adapta à vida atual ou potencial deles com o que cada piano pode produzir. Cada piano é único, pois o timbre da madeira é diferente. Sou capaz de levá-los à unidade certa todas as vezes. Mas, se naquele dia eu não tiver o piano certo para alguém, não sugiro que aceitem algo inferior só porque está disponível. Ligo para o armazém ou outras lojas a fim de garantir que consigam o certo. Se não puder combinar, indico quem pode. Essa é a disciplina necessária para vender com integridade."

Erica exemplifica vendedores que não pressionam seu produto. Eles prestam atenção nos pequenos, mas importantes, detalhes, com o objetivo de colocar a satisfação de longo prazo do cliente acima do desejo imediato de fechar uma venda. Isso exige enorme confiança e paciência, mas constrói credibilidade e influência maciças. No caso de Erica, clientes para a vida toda. Quando eles têm uma necessidade futura ou conhecem alguém que tenha, o primeiro número para o qual ligam é o dela.

À primeira vista, parece uma metodologia de "venda consultiva". No entanto, como explica Dilip Mailvaganam, da Microsoft, é, na verdade, um estilo de vida. "Um dos segredos do meu sucesso foi construir um banco de boa vontade com os outros. Você procura oportunidades para fazer algo pelas pessoas e vai além para superar suas expectativas. É prometer algo em quatro dias e entregar em dois. É fechar o laptop quando alguém fala com você e dar sua atenção total. É entregar um artigo de revista com ideias anotadas à mão (digitalmente, claro). Estar presente para os outros faz com que eles estejam mais inclinados a estar presentes para você."

As seguintes características comportamentais são consistentes em todas as transcrições de entrevistas e no modelo comportamental correspondente para pessoas que demonstram alta intensidade do Motivador de Jornada guerrilha para influência:

COMPORTAMENTOS OBSERVADOS COM MAIOR FREQUÊNCIA
1. Respeitoso/Empático
2. Compassivo/Compreensivo
3. Persuasivo/Convincente
4. Charmoso/Magnético
5. Sociável/Engraçado

A vendedora icônica Claire Edmunds começou sua carreira em uma granja de frangos na vila onde cresceu. "Isso me ensinou que nunca quis trabalhar com frangos", disse ela. "Foi um exercício psicológico interessante, pois comecei a perceber como minha linguagem corporal afetava o comportamento das aves, sobretudo os galos, que me viam como competição e atacavam se percebessem medo! Aprendi rapidamente a manter contato visual e me mover o mais rápido possível. Mais tarde, ao explorar a comunicação não verbal em maior profundidade, pude refletir sobre essa experiência e como nosso comportamento afeta todo o ambiente ao nosso redor, não apenas os humanos." Grandes vendedores respeitam as necessidades e opiniões do cliente, cultivam relacionamentos tanto na empresa do cliente quanto na própria e entregam valor. Eles se preocupam com as pessoas. Sua intenção é clara, o que gera confiança e influência.

Colleen Schuller, da GSK, explica da seguinte forma: "Se utilizamos o conhecimento da maneira certa, ele revela de quem é a agenda à qual estamos servindo. É aqui que a mágica acontece. Você precisa ser visto como alguém que serve à agenda do cliente em cada conversa, apresentação e proposta. Você fala ou escreve sobre o mundo deles, suas necessidades. Isso exige coragem, porque grande parte do que os vendedores aprenderam é promover o próprio produto, suas características e benefícios. Isso é transacional. Os clientes esperam algo mais estratégico, e começa com você falando sobre eles antes de falar sobre si mesmo".

"Olhe sempre para suas interações de uma forma que não seja sobre você, mas sobre a outra pessoa perceber como você pode ser útil para ela", sugere um profissional de alto desempenho. "Isso é especialmente verdadeiro no setor de serviços profissionais, mas também em qualquer trabalho, de qualquer indústria. Se você for útil para seus colegas, clientes, alvos, de qualquer forma, e sem esperar algo em troca, você será bem-sucedido. É por isso que o desenvolvimento de relacionamentos é uma parte tão essencial do processo de vendas. Desde o início da minha carreira, acredito no efeito multiplicador. Você precisa fazer três coisas favoráveis a uma pessoa antes mesmo de ter o direito de pedir um favor ou uma oportunidade para discutir negócios de alguma forma. Você precisa oferecer ajuda duas ou três vezes, por menor que seja, a essas pessoas para conquistar esse direito. E isso continua no relacionamento de longo prazo. Sua disposição em ajudar os outros é fundamental antes de pedir algo ou esperar que a outra parte esteja disposta a ajudá-lo de alguma forma."

Outra abordagem que os vendedores de alto desempenho estão utilizando para construir influência com os clientes é a aplicação de mídias sociais. Na verdade, Chuck Pol, anteriormente da Vodafone, nos disse: "Todo o fenômeno Trump me deixou curioso – em particular, seu uso das mídias sociais!".

Observadores do setor notaram uma queda na eficácia das ligações de vendas B2B *outbound* (em que o vendedor aborda o potencial cliente sem que haja uma indicação do lado dele de que este contato é desejável), considerando que podem ser necessárias dezoito ou mais ligações para conectar-se a um novo prospect, e apenas 24% dos e-mails *outbound* estão sendo abertos pelos destinatários pretendidos. Ao mesmo tempo, 84% dos clientes B2B agora iniciam seu processo de compra por meio de referências,[45] com recomendações de pares influenciando mais de 90% das decisões de compra.

Isso representa uma grande desconexão entre os vendedores e os compradores. Analistas da Forrester Research[46] acreditam que essa desconexão é uma reação contra o excesso de vendedores que decepcionaram os compradores ao se concentrarem mais na própria agenda de vendas e na comissão do que em definir e resolver os problemas dos clientes.

O livro seminal sobre vendas *Selling to the C-Suite*, baseado em um estudo de dez anos sobre as preferências de compra de executivos,[47] indica que a internet é mais uma ferramenta de compra do que de venda. Ela permite que os clientes rompam o "monopólio de informações" que os vendedores possuíam na era pré-internet e realizem grande parte das próprias pesquisas e comparações on-line antes de decidirem se encontrar com um vendedor.

A Forrester sugere que, até 2020, um milhão de vendedores B2B podem perder seus empregos para o e-commerce com autoatendimento, caso não superem a "síndrome de folheto falante" descrita pelo autor de *SPIN Selling*, Neil Rackham.[48] Nessas situações, o vendedor está mais interessado em transmitir o conteúdo de um "folheto" do que em criar um diálogo significativo.

Há evidências que sugerem que uma resposta à tendência de declínio na eficácia das chamadas ativas seja combater fogo com fogo, adotando a venda social on-line. Essa estratégia consiste em usar ferramentas de redes sociais para estabelecer conexões, prospectar e pesquisar (nessa ordem), compartilhando ideias, opiniões e conteúdos oportunos que atraiam seu público-alvo.

Isso permite que os vendedores deixem sua marca fermentar em um público, para então transbordar em um relacionamento pessoal quando os potenciais clientes finalmente estiverem prontos para comprar e desejarem conversar com alguém que, ao longo do tempo, passaram a enxergar como relevante e confiável.

A abordagem de precisão do "social selling" (vendas nas redes sociais), onde sugestões personalizadas, e-books, white papers, blogs, vídeos e notícias de eventos são oferecidos a potenciais clientes de forma individual, é diferente da abordagem generalizada do "social media marketing" (marketing em redes sociais), cujo objetivo é gerar conscientização sobre uma empresa ou marca de produto para um público amplo e desconhecido. O social selling é uma interação de um para um.

Algumas estatísticas relevantes[49] sobre mídias sociais incluem:

- Setenta e cinco por cento dos clientes B2B usam as mídias sociais para observar o que seus colegas estão fazendo e para pedir suas opiniões sobre decisões de compra.

- Cinquenta e três por cento dos clientes B2B utilizam as mídias sociais para buscar a opinião de outras pessoas antes de decidir qual fornecedor escolher.

- Oitenta e dois por cento dos clientes B2B afirmam que o conteúdo social que veem associado a um vendedor tem um impacto significativo em sua decisão de compra.

- Setenta e dois por cento dos vendedores B2B que utilizam as mídias sociais superam seus pares, sendo que mais da metade fecha negócios como resultado disso.

Jim Keenan, fundador da A Sales Guy Consulting, resumiu da seguinte forma: "Um lead hoje pode ser uma reclamação no Twitter, uma pergunta no LinkedIn ou uma discussão em uma página do Facebook".[50]

O LinkedIn descobriu que compradores B2B têm cinco vezes mais probabilidade de se engajar com pessoas que utilizam as mídias sociais para fornecer percepções atualizadas sobre negócios ou indústrias.[51]

As mídias sociais envolvem os vendedores mais cedo no ciclo de vendas do cliente, momento em que eles têm maior probabilidade de definir a visão para uma solução ideal e, ao fazer isso, controlar os critérios pelos quais outros fornecedores serão avaliados.

Para ter sucesso em vendas sociais, você precisará investir até quatro horas por semana on-line, monitorando os tópicos em discussão em salas de bate-papo, fóruns no LinkedIn e sites de compartilhamento de apresentações. Depois disso, será necessário gerar o próprio conteúdo, caso deseje ser notado por seu público-alvo. Adapte a linguagem de suas postagens para demonstrar um nível de conhecimento como especialista do setor.

Lembre-se: as redes sociais são um exercício de *slow burn* (fogo baixo). Podem não gerar consultas imediatas, mas quanto mais sua marca pessoal for vista, mais você será reconhecido como alguém com quem conversar quando os compradores passarem de uma necessidade latente, com a qual aprenderam a conviver, para uma necessidade ativa que desejam discutir com alguém.

Setenta e cinco por cento dos vendedores B2B que têm sucesso nas redes sociais afirmam ter passado por algum tipo de treinamento, em vez de tentar aprender por tentativa e erro. Áreas em que o treinamento profissional pode ser útil incluem:

- Legislação sobre redes sociais e privacidade de dados, para evitar que suas ações sejam percebidas como spam ou perseguição.
- Como otimizar canais de redes sociais como LinkedIn, Twitter, Facebook, Instagram e YouTube.
- Como utilizar softwares específicos de redes sociais que ajudam a monitorar sua presença on-line e a automatizar a disseminação de suas ideias por diferentes plataformas.

- Como escrever textos curtos e impactantes que transmitam sua mensagem de forma rápida em um ambiente de redes sociais, em vez de elaborar dissertações extensas sobre características e benefícios de produtos, que muitas vezes levam as pessoas a perder o interesse já na primeira frase. Nas redes sociais, menos é mais.

Vendedores inteligentes se reúnem regularmente com colegas selecionados do departamento de marketing para se atualizarem sobre as questões mais recentes da indústria e as mudanças nas necessidades dos clientes, o que ajuda a manter suas postagens nas redes sociais relevantes. Você pode até conseguir alguns infográficos interessantes para usar em suas postagens. Portanto, encontre um amigo no seu departamento de marketing e estabeleça um horário regular para ouvir suas ideias. Deixe-os falar, e você pode se surpreender com as próprias respostas. As regras comuns para as redes sociais podem ser resumidas da seguinte forma:[52,53,54,55,56,57]

Regras gerais

- Compartilhe postagens várias vezes ao dia, espaçadas a cada poucas horas.
- Responda rapidamente às postagens recebidas. Cinquenta e três por cento dos usuários que enviam tweets para uma marca esperam uma resposta em menos de sessenta minutos.
- Entretenha e informe seu público em 80% das vezes, e venda para eles em 20%.
- Escreva utilizando "nós" (nós, nosso, nossa), e não na primeira pessoa do singular (eu, meu, minha).

LinkedIn

- Personalize todos os pedidos de conexão. Explique o motivo da conexão.
- Após se conectar, envie uma mensagem de boas-vindas.

- Não participe de grupos e comece imediatamente a fazer ofertas.
- Adapte-se ao tom profissional de qualquer rede em que você ingressar.
- O uso de 1 a 3 hashtags funciona melhor.

X (Antigo Twitter)

- Não envie mensagens pessoais para pessoas que o seguem de forma isolada.
- Não compre listas de seguidores.
- Não sature seus tuítes com palavras-chave.
- Não use hashtags de outras empresas de forma oportunista.

Instagram

- Não peça que as pessoas o sigam.
- Não sobrecarregue o feed das pessoas. Publique menos do que no Twitter.
- Onze ou mais hashtags funcionam melhor.

Facebook

- Não curta a própria publicação. Isso pode parecer desesperado.
- Não poste fotos de pessoas sem permissão.
- Não marque pessoas ou páginas que não tenham relevância para a sua publicação.
- Não peça que as pessoas curtam, comentem ou compartilhem.
- Hashtags reduzem o engajamento. Não as use.

Pinterest

- Forneça boas descrições para seus pins.
- Inclua links para a fonte original e dê os devidos créditos.
- Não utilize imagens que não estejam relacionadas ao conteúdo do clique.
- Não publique apenas o próprio material.
- Hashtags diminuem o engajamento. Não as utilize.

* * *

Na próxima página, você encontrará uma folha de trabalho para a Crença de Destino de influência. Encontre um lugar tranquilo, reflita sobre as perguntas e escreva suas respostas. Isso o ajudará a avançar na jornada de aplicação do código secreto do vendedor. Em seguida, fornecemos percepções adicionais sobre influência, compartilhadas pelos Icônicos entrevistados para a pesquisa.

MINHA REVISÃO DE INFLUÊNCIA

Pergunta 1. Onde você poderia se beneficiar ao ter mais influência no trabalho ou em qualquer outra esfera de influência em que atue?
___
___
___

Pergunta 2. Como você poderia aumentar sua influência nos próximos seis meses?
___
___
___

Pergunta 3. Quais barreiras você pode encontrar e como pode superá-las?
___
___
___

Pergunta 4. Como você talvez precise adaptar sua abordagem para influenciar mais personalidades variadas? Planeje isso nomeando pessoas específicas.
___
___
___

Pergunta 5. Quando você tiver concluído este exercício de influência, quais resultados espera observar?
___
___
___

PERCEPÇÕES ADICIONAIS DE INFLUÊNCIA DOS VENDEDORES DE ALTO DESEMPENHO

1. Você já encontrou um vendedor assertivo e decidiu não comprar dele, mesmo querendo o produto? Há muitas práticas de vendas ruins no mercado, perpetuadas por provedores de treinamento superficiais e gestores com mentalidade tática. O problema tem suas raízes no local onde as pessoas começaram. A carreira em vendas e no que acreditam que vendas significam. Se iniciaram em áreas de comércio com alta pressão de tempo e volume, como marketing multinível, varejo ou atacado, a palavra "influência" pode ter assumido um significado mais próximo de coerção, e é isso que acabam ensinando à próxima geração. Não há dúvida de que, em outro momento, o jogo das vendas era epitomizado pelas técnicas de "pé na porta" de negociadores rápidos – um resquício dos vendedores viajantes que se proliferaram no oeste americano na década de 1870.[58] Esses vendedores de porta em porta, que no início vendiam coisas como óleo de cobra, mais tarde comercializaram enciclopédias,[59] utensílios de cozinha[60] e aspiradores de pó.[61] Durante a Revolução Industrial e a Revolução Tecnológica, eles avançaram para automóveis nos anos 1920, eletrodomésticos nos anos 1950 e máquinas de escrever nos anos 1960, que evoluíram para os computadores da IBM e as fotocopiadoras da Xerox nos anos 1980. A IBM e a Xerox embalaram e impulsionaram a moderna indústria de treinamento em vendas, e a maioria dos produtos neste campo pode traçar sua linhagem a esses primórdios. Desde então, o treinamento em vendas percorreu um longo caminho para erradicar técnicas de "influência" de alta pressão. Embora ainda utilizem estruturas de questionamento sequenciais

para conduzir compradores ao fechamento, também ensinam que, antes de tentar persuadir qualquer cliente, é necessário primeiro estabelecer confiança e credibilidade com várias pessoas e ser genuíno. Esta é a raiz de toda influência.

2. O advento da internet tornou os clientes infinitamente mais bem informados. Compradores profissionais estão usando a ubiquidade de dados sobre preços, feedbacks de clientes e cadeias de suprimento globalizadas para pressionar os vendedores a oferecer melhores acordos. Nunca foi tão importante para os vendedores utilizarem essas mesmas tecnologias, transmitirem suas mensagens a compradores individuais e provarem como atenderão às preocupações dos clientes sobre necessidade, custo, tempo, valor e risco (nessa ordem). Aprenda a usar ferramentas de pesquisa on-line para traçar o perfil do histórico e das possíveis necessidades de seus prospects. Aprenda a aplicar cálculos de dados para demonstrar como o cliente não terá prejuízo com sua solução, ou quando o investimento deles atingirá o ponto de equilíbrio e começará a economizar tempo e dinheiro ou a gerar lucros e retorno sobre o investimento (ROI). Essas abordagens ajudarão você a se tornar mais influente.

3. Os clientes se deixam influenciar por pessoas de que gostam e em quem confiam. Demonstrar empatia cria a base para construir esse tipo de relacionamento. Sorria quando entrar pela porta. Olhe o cliente nos olhos. Use o poder do toque – até mesmo um aperto de mão aumenta a percepção de empatia. Ouça ativamente. Mantenha contato visual, incline-se para a frente enquanto eles falam, faça sons de afirmação para reconhecer as palavras deles e movimente a cabeça para *demonstrar* que está ouvindo.[62] Lembre-se de que o "filme mudo" da comunicação não verbal com frequência transmite mais do que o "falado". Se você achar difícil se relacionar com um comprador, busque um interesse em comum. Criar laços com colegas é a razão pela qual trabalhadores de escritório falam sobre esportes do fim de semana, clima ou programas de TV nas manhãs de segunda-feira – essas experiências comuns

funcionam como um nivelador social, identificam você como parte do mesmo grupo e ajudam a construir empatia. Faça o mesmo com seus clientes – potenciais ou já estabelecidos – e para se tornar mais influente.

4. Seja autêntico e centrado no cliente. Algumas culturas corporativas incentivam os vendedores a uma postura narcisista, focada em prêmios, elogios e outros direitos de se vangloriar. É ótimo celebrar a própria importância, mas, quando você atravessa o saguão do cliente, deve assumir a atitude de que fazer a coisa certa por ele é sua prioridade número um. Desenvolva uma curiosidade genuína sobre como o negócio deles funciona e discuta, com pessoas da própria empresa, como seus produtos, serviços e conexões com outras partes podem ser usados para fazer a diferença no negócio dele. Leve essas ideias até eles. Um bom teste de consistência é revisar sua última ligação, e-mail ou apresentação para um cliente e contar quantas frases ou slides começaram falando sobre você e suas opiniões em vez das necessidades do outro. É comum ver apresentações de vendas com 80% do conteúdo focado no fornecedor. Inverta isso e veja a diferença na atitude do cliente. Quando você fala sobre si mesmo, ele pode sentir que você é a parte mais entediante do dia dele e ficar verificando o relógio. Deixe que falem sobre si mesmos, e é muito provável que prolonguem a reunião. Lembre-se de que não é sua habilidade de falar que fecha a venda – a língua é apenas o leme para direcionar a conversa. Sua capacidade de ouvir é o verdadeiro motor que o leva adiante. Quanto mais você fala, mais ouve o que *já* sabe. Quanto mais você ouve, mais descobre o que *precisa* saber. Influenciadores são bons ouvintes.

5. Influenciadores gastam seu tempo, emoção e energia focados nas coisas sobre as quais podem agir. Eles não desperdiçam recursos se preocupando com questões fora de seu controle. Quando enfrentam obstáculos, dão um passo atrás, dividem a situação em partes e classificam em quatro grupos: o que podem mudar usando as próprias habilidades (autossuficiência); o que podem mudar com a ajuda de outra pessoa (pedindo

ajuda); o que podem fazer combinando recursos com outras pessoas (parceria); e o que não pode ser mudado (força maior). As três primeiras abordagens resolvem a maioria dos problemas. Concentre-se no que você pode mudar. Faça sua influência ser sentida ali. Talvez não consiga acabar com a fome mundial, mas é capaz de comprar um sanduíche para a próxima pessoa em situação de rua que cruzar em seu caminho. Talvez não seja possível fechar a venda inteira hoje, mas pode dizer ou fazer algo para aproximá-la da linha de chegada. Influenciadores sabem que "de metro em metro, a venda é dura, mas centímetro a centímetro, a venda é simples".

6. Aplique a regra da reciprocidade. Este é um princípio da psicologia social que afirma que as pessoas tendem a retribuir quando você oferece algo de valor a elas. A garçonete que desenha uma carinha sorridente ou deixa algumas balas junto com a conta tem mais chances de receber gorjeta do que aquela que não faz isso. É a velha ideia de "uma mão lava a outra". Os chineses chamam isso de *guanxi* – um sistema informal de cuidar dos interesses uns dos outros por meio da troca de favores,[63] que não ultrapassa os limites da ética. Há muitas coisas que você pode oferecer a um cliente de forma ética e que têm valor para ele, como economizar seu tempo, oferecer informações úteis, providenciar recursos adicionais para concluir tarefas, ajudá-lo a se destacar diante de superiores ou colegas, ou apresentá-lo a pessoas que ele deseja conhecer. Construir reciprocidade cria influência.

O QUE ESTÁ NA MENTE?

O psicólogo diz...
Influência pode ser definida como o poder de causar um efeito em pessoas ou coisas. No mundo das vendas, sabemos que o valor de influenciar os outros é evidente, seja para convencer alguém a enxergar valor em seu produto, abrir portas ou conquistar negócios recorrentes. O poder da influência em vendas vai muito além da relação entre vendedor e cliente. No mundo cada vez mais complexo e ambíguo de hoje, a capacidade de influenciar partes interessadas fundamentais, tanto em nossa organização quanto na do cliente, ou de exercer influência sobre diferentes grupos de interesse ou lobby, é crucial para o sucesso em vendas.

O professor de Psicologia do Marketing, Robert Cialdini, autor de *As armas da persuasão: Como influenciar e não se deixar influenciar*, desenvolveu uma teoria da influência baseada em seis princípios fundamentais:

1. **Reciprocidade** – As pessoas tendem a retribuir um favor quando você faz algo por elas, mesmo que não peça nada em troca. Isso cria um senso de obrigação. Quando foi a última vez que você ofereceu algo de valor a seus contatos com potencial e clientes? Alguma liderança intelectual? Um dia de consultoria gratuita? Um novo contato de sua rede? Cada uma dessas ações pode criar um desejo de reciprocidade.

2. **Compromisso e consistência** – Se as pessoas se comprometem com uma ideia ou objetivo, elas são mais propensas a honrar esse compromisso. Para os vendedores, a aplicação desse princípio está em encontrar uma visão compartilhada do que deve ser alcançado e manter o cliente no caminho de reforço positivo de tal visão.

3. **Prova social** – As pessoas tendem a fazer coisas que veem outras pessoas fazendo. É por isso que seguimos tendências. É por isso que bons vendedores criam *momentum* e compartilham depoimentos convincentes.

4. **Autoridade** – As pessoas tendem a obedecer a figuras de autoridade, mesmo quando são solicitadas a realizar tarefas desagradáveis. O segredo do sucesso é garantir que, junto com a "ordem", venha um caminho claro a ser seguido. A lição para os gestores é não apenas dar ordens, mas oferecer a orientação necessária. Para os vendedores, a lição é que os clientes responderão a eles se assumirem uma postura de autoridade, sem arrogância, demonstrando soluções relevantes.

5. **Afeição** – As pessoas são persuadidas com facilidade por quem elas gostam. Não tenha medo de sorrir. Não tenha medo de mostrar um pouco de vulnerabilidade. Isso simplesmente demonstra que você é humano... assim como eles!

6. **Escassez** – A percepção de escassez gera demanda, já que as pessoas não querem perder uma oportunidade. A lição para os vendedores é conhecer seu valor, seu diferencial, seu ponto único de venda.[64]

Ser influente não se resume a ser forte e assertivo, persuasivo e encantador. Isso é apenas um elemento da influência. Gestores e vendedores aumentarão sua eficácia ao dedicar tempo para revisar como estão influenciando em cada situação e aplicar estratégias específicas de influência a clientes que, por sua vez, serão muito mais responsivos.

A ÚLTIMA PALAVRA SOBRE INFLUÊNCIA

Uma história real de dois amigos na Força Aérea Real
No início dos anos 1950, dois jovens, William e Jim, ingressaram na RAF (Força Aérea Real). Naquela época, todos os homens no Reino Unido com mais de 18 anos eram obrigados a dedicar dois anos ao que era conhecido como Serviço Nacional. William e Jim tornaram-se grandes amigos enquanto trabalhavam em várias instalações de radar espalhadas pelo Reino Unido, muitas vezes em locais bem remotos. Jim tinha uma inteligência quase genial. William, também bastante inteligente, confiava em Jim para muitos cálculos rápidos em situações de alta pressão. Além disso, Jim era um mestre em comunicar aos superiores o que ele e William estavam realizando. "Deixe-os saber o que estamos entregando e eles nos darão uma vida tranquila", era seu lema. Após o Serviço Nacional, eles perderam contato, mas, nos anos seguintes, William se lembrava com carinho das coisas que ele e Jim haviam feito em várias partes distantes do país, graças à habilidade de Jim em influenciar os "superiores". Um sorriso de quem sabe das coisas aparecia brevemente no rosto de William e, se outros notassem sua reflexão, eram educados demais para perguntar mais.

Vamos avançar quase cinquenta anos, para o final dos anos 1990. William estava viajando pela rodovia rumo ao norte da Inglaterra e parou em um posto de serviço para abastecer e comer. Ao se aproximar da entrada do restaurante, segurou a porta para um homem que caminhava na direção oposta. Quando este passou pela porta, os dois se olharam nos olhos e instantaneamente se reconheceram. Muitos apertos de mão e abraços se seguiram.

"É tão bom ver você, Jim!", exclamou William. "Todos esses anos quis te pagar uma bebida para agradecer tudo que você fez para tornar meu tempo no Serviço Nacional tão agradável." E, assim, as jornadas de ambos naquele dia demoraram mais do que o planejado.

Isso tudo demonstra que boas ações e atos de amizade, sobretudo quando nada é pedido em troca, criam um senso de obrigação que dura uma vida inteira. O que vai, volta.

CRENÇA DE DESTINO
VENDEDORES DE SUCESSO SÃO INFLUENTES (INFLUÊNCIA)

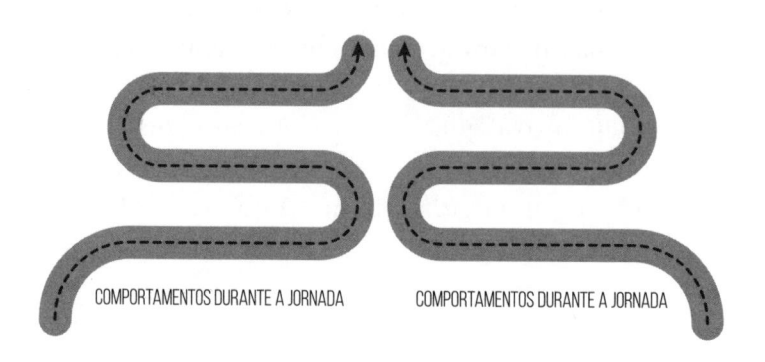

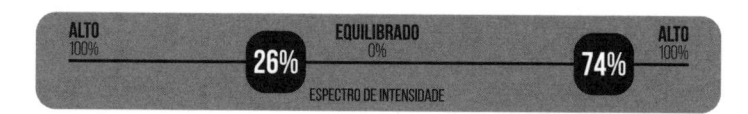

COMPORTAMENTOS DURANTE A JORNADA   COMPORTAMENTOS DURANTE A JORNADA

ALTO 100% — **26%** — **EQUILIBRADO** 0% — **74%** — **ALTO** 100%
ESPECTRO DE INTENSIDADE

MOTIVADOR DE JORNADA 1
Quanto mais forte eu sou, maior é a minha influência
(Gorila)

MOTIVADOR DE JORNADA 2
Quanto mais flexível eu sou, maior é a minha influência
(Guerrilha)

95% dos vendedores de baixo desempenho acreditam que desafios e assertividade são os métodos mais efetivos para conquistar influência.

92% dos vendedores de alto desempenho focam a maior parte do tempo naquilo que podem controlar: atitude, mentalidade e comportamentos.

87% por cento dos vendedores de alto desempenho sabem que o que funciona hoje pode não funcionar amanhã.

Com uma altura de 828 metros, o Burj Khalifa, localizado em Dubai, nos Emirados Árabes Unidos, é a maior estrutura artificial do mundo. Esse edifício, o mais alto do planeta desde 2009, incorpora a cultura islâmica em seu design, inspirado no formato espiralado dos minaretes. Os engenheiros projetaram o arranha-céu para resistir a terremotos que variam de 5,5 a 7,0 na escala Richter. Em vez de permanecer rígido, suas colunas e vigas são projetadas para se dobrar, enquanto quadros de resistência a tremores permitem um movimento positivo. Agindo como amortecedores em um carro, esses sistemas possibilitam que o edifício se flexione conforme necessário. O prédio não se impõe ao terremoto; ele é flexível o suficiente para reagir ao ambiente em qualquer dia. Ao traduzir esse exemplo para o contexto de vendas, concluímos que alcançar um resultado favorável para todas as partes exige flexibilidade, pois uma abordagem única não serve para todos. Cada cliente é único e deve ser tratado dessa forma. A rigidez pode levar à ruptura dos ciclos de vendas. No entanto, aceitar isso é difícil se você tem um medo intenso do fracasso. Se esse for o caso, deixar um cliente partir em prol de um bem maior (o ciclo de longo prazo) pode ser um desafio muito grande!

84% dos clientes B2B agora iniciam seu processo de compra por meio de indicações.

56% dos vendedores que correspondem ao Motivador de Jornada gorila para influência demonstram uma forte correlação com os 61% dos vendedores que seguem os ciclos de persona de Fechadores e Narradores, de acordo com uma pesquisa da HBR.

75% dos clientes B2B utilizam as redes sociais para observar o que seus pares estão fazendo e para pedir a opinião deles sobre decisões de compra.

CAPÍTULO SEIS

COMUNICAÇÃO

CRENÇA DE DESTINO
PESSOAS BEM-SUCEDIDAS SABEM MELHOR DO QUE NINGUÉM COMO SE COMUNICAR
(COMUNICAÇÃO)

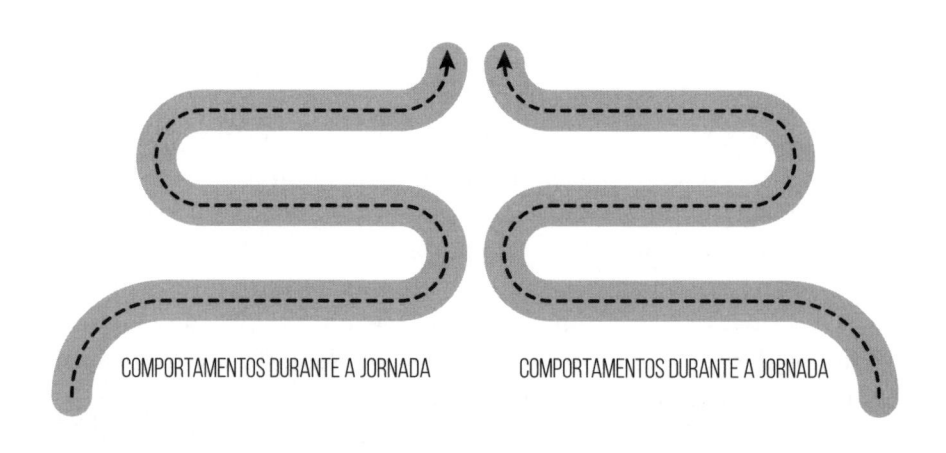

COMPORTAMENTOS DURANTE A JORNADA   COMPORTAMENTOS DURANTE A JORNADA

ALTO   EQUILIBRADO   ALTO
ESPECTRO DE INTENSIDADE

MOTIVADOR DE JORNADA 1
Ótima comunicação é
transmitir sua mensagem
de forma clara
e suscinta (Relâmpago)

MOTIVADOR DE JORNADA 2
Ótima comunicação é
desenvolver um diálogo
contínuo e repleto de
significado (Trovão)

No século IV a.C., o filósofo grego Aristóteles tornou-se pupilo de Platão, que, por sua vez, havia sido pupilo de Sócrates. As visões de Aristóteles moldaram profundamente os mil anos seguintes da tradição escolástica judaica e cristã, e ele foi reverenciado entre intelectuais muçulmanos medievais como "O Primeiro Mestre" – em árabe: المعلم الأول. Aristóteles foi escolhido para ser tutor de Alexandre, o Grande, de quem recebeu abundantes recursos para expandir seus estudos, estabelecer uma grande biblioteca e produzir centenas de livros sobre temas que variavam de física, ética, teatro e música a política, biologia e zoologia.

Aristóteles tinha um fascínio particular pela retórica – a arte de falar e escrever de forma persuasiva. Ele foi um dos primeiros a documentar as técnicas de comunicação usadas por atores, comerciantes e políticos, e escreveu sobre isso no livro *Retórica*.[65] Nesse estudo, identificou três elementos da comunicação persuasiva: *ethos*, *pathos* e *logos*.

Ethos é uma palavra grega que significa "caráter". É um método de convencer o público sobre sua credibilidade e autoridade e, portanto, sobre a veracidade de sua proposição. Você gera ethos escolhendo uma linguagem apropriada para o público, empregando gramática correta e demonstrando profissionalismo. Cite seu histórico e suas credenciais, sem deixar de demonstrar conhecimento e simpatia. O propósito do *ethos* é criar uma impressão de autoridade, competência e credibilidade. Nenhuma conversa de vendas está completa sem estabelecê-lo. Sem isso, por que eles deveriam ouvir?

Pathos é uma palavra grega que significa "sentimento". É usado para evocar uma conexão emocional com o que está sendo discutido. Grandes discursos e apresentações de vendas constroem *pathos* utilizando contraste – palavras rápidas e altas para transmitir a empolgação de seguir em frente a fim de alcançar esperanças e sonhos (luz), e sussurros lentos ou pausas dramáticas para destacar por que manter o status quo é pouco atraente (sombra). O propósito do pathos é fazer com que o comprador se relacione com as crenças, ideais ou produtos que você está oferecendo. Nenhuma conversa de vendas está completa sem capturar o coração do comprador por meio do pathos. Sem isso, por que ele deveria se importar?

Logos é uma palavra grega que significa "razão". É usado para persuadir as pessoas por meio do pensamento lógico e de fatos. Aqui, você apresenta uma proposta com dados, gráficos, porcentagens, estudos de caso e testemunhos de especialistas, de modo que o público seja convencido de que seu raciocínio é irrefutável. *Logos* faz com que o comprador sinta uma convicção lógica sobre o que você está vendendo. Nenhuma conversa de vendas está completa sem capturar a mente do comprador por meio do logos. Sem isso, por que ele deveria acreditar?

Podemos chamar a descoberta de Aristóteles de uma "cadeia de persuasão" que se desenrola em três atos. Grandes vendedores chamam esses três atos por nomes diferentes, mas o padrão é sempre o mesmo. Um deles diz: "Você vende para o instinto, o coração e, então, para o cérebro – nessa ordem". Outro afirma: "Antes de vender a lógica, preciso vender a emoção. Para fazer qualquer um dos dois, preciso vender a mim mesmo".

Se os modelos ou materiais de vendas que você usa para se preparar para suas ligações, apresentações ou negociações não o lembram você de usar *ethos*, *pathos* e *logos*, em seu diálogo falta uma parte fundamental do processo de comunicação que diferencia os melhores dos demais.

Nossa pesquisa revelou que todos os vendedores acreditam no poder da comunicação eficaz. Como Louis Jordan afirmou: "A comunicação é o utensílio primário no processo de venda". Os vendedores dependem dela para aprender, informar, convencer e fazer o acompanhamento. Assim como os outros quatro elementos do código secreto, existem dois Motivadores de Jornada para comunicação.

O Motivador de Jornada 1 afirma que uma boa comunicação consiste em transmitir sua mensagem de forma clara e sucinta – um lampejo que ilumina uma conversa ou tópico específico (Relâmpago).

O Motivador de Jornada 2 sustenta que uma boa comunicação exige um diálogo mais contínuo e bidirecional – um longo trovão que reverbera entre montanhas e o céu (Trovão).

O primeiro é uma distração breve e deslumbrante que chama a atenção e depois desaparece. O segundo é constante e deixa uma impressão mais duradoura. É um conceito que reflete a observação do poeta vencedor do Prêmio Pulitzer, W. H. Auden: "O ouvido tende a ser preguiçoso, deseja o familiar e se choca com o inesperado; o olho, por outro lado, tende a ser impaciente, deseja o novo e se entedia com a repetição". O ouvido e o olho. Trovão e relâmpago. Você precisa de ambos para criar uma tempestade de vendas. Mas de quanto de cada um você precisa?

FIGURA 7

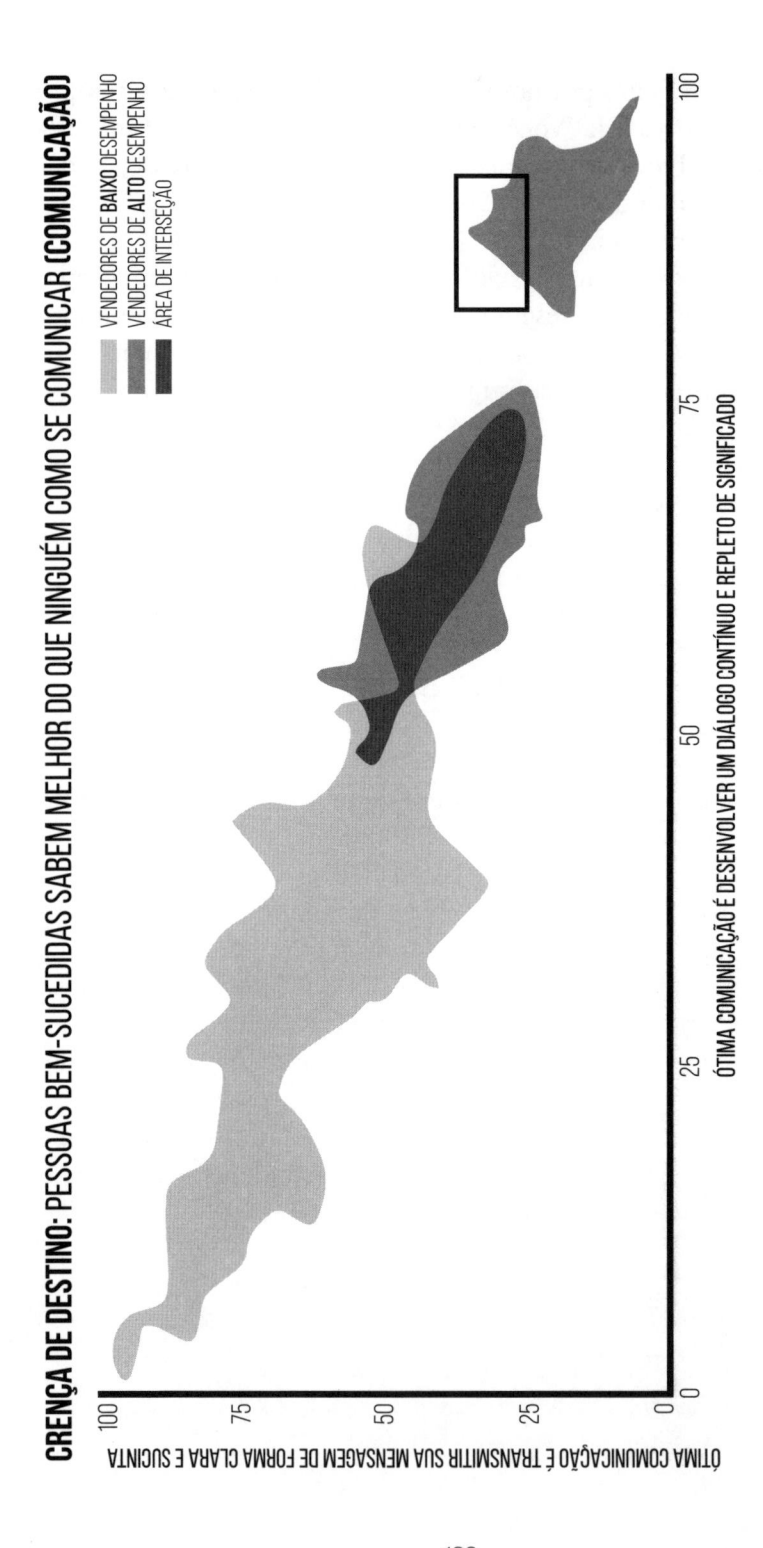

Distribuição dos Motivadores de Jornada para comunicação

Você pode ver na Figura 7 que o eixo vertical mostra o Motivador de Jornada 1 (Relâmpago) e o eixo horizontal mostra o Motivador de Jornada 2 (Trovão). Note a localização do retângulo onde os profissionais de alto desempenho se concentram. Isso revela que os principais vendedores acreditam ser mais importante oferecer um constante estrondo de comunicação formal e informal em duas vias para os clientes (Trovão) do que realizar uma comunicação pontual, impecável e unilateral (Relâmpago). No entanto, eles equilibram os dois, garantindo que seus prospects e clientes ouçam o trovão em 79% do tempo, enquanto o relâmpago ocorre em 21% do tempo. Já os profissionais de baixo desempenho tendem a operar com uma lógica inversa.

O que isso significa na prática? É bem direto. Para ilustrar, vamos explorar os Motivadores de Jornada.

MOTIVADOR DE JORNADA 1
ÓTIMA COMUNICAÇÃO É TRANSMITIR SUA MENSAGEM DE FORMA CLARA E SUCINTA (RELÂMPAGO)

Assim como um relâmpago, o cliente sente que esse tipo de comunicação é imprevisível, já que nem sempre surge como parte de um diálogo contínuo. Trata-se de impactar seus prospects com uma campanha ou apresentação que chega "do nada", na esperança de que a oferta os eletrifique.

Esse tipo de comunicação exige preparação. É necessário identificar prospects com algo em comum. Refinar sua mensagem com uma manchete impressa ou verbal que seja relevante para a situação geral deles, seguida de informações que o apresentem de forma eficiente (*ethos*), ressoem com eles (*pathos*) e façam sentido (*logos*).

O risco dessa abordagem é que ela começa falando sobre você mesmo – e alguns vendedores não sabem quando parar. Aqueles que recorrem ao método relâmpago acreditam que um bom vendedor é avaliado por quanto ele conhece seu produto, a história da empresa e as condições atuais do mercado. Eles sentem que, ao educar os clientes sobre por que seu produto é o melhor e ao fazer apresentações detalhadas, a lógica da compra será evidente para o comprador. Embora cubram o *ethos* e o *logos,* ignoram o *pathos.* Em nossas entrevistas, ouvimos essa crença sendo verbalizada de várias maneiras:

- "É importante conhecer seu produto a fundo para não ser pego de surpresa."
- "Eu vendo uma solução complexa em um mercado saturado, então preciso garantir que os clientes compreendam nossa Proposta Única de Valor (PUV)."

- "Tenho clientes muito experientes. Eles querem saber que estão lidando com alguém que está à altura."

Não surpreendentemente, essas crenças vieram do grupo de menor desempenho.

Quando perguntamos aos quinhentos vendedores com pior performance por que eles achavam que os clientes não compravam deles – mesmo após uma apresentação que aparentava ter sido impecável – 61% responderam: "Acho que não comuniquei de forma clara o suficiente". Descobrimos que essa resposta reflete uma forte tendência a tentar resolver a situação seguindo a mesma fórmula, *esforçando-se ainda mais* para transmitir seu ponto de vista. Entra em cena o relâmpago.

Ao cruzar essa informação com outros elementos do código, vimos que a maioria desse grupo é composta das mesmas pessoas que têm medo de falhar. Essa combinação faz com que comuniquem martelando ainda mais sua mensagem, na esperança de que aumentar a voltagem derrube as barreiras. Outra reação comum é se desconectar do prospect atual e repetir a mesma abordagem com o próximo. Um vendedor resumiu o que ouvimos de muitos: "Quando um cliente diz 'não', eu pulo para o próximo. Mas, a cada vinte que me rejeitam, encontro um que pede um folheto ou concorda com uma reunião. Isso me diz que estou progredindo!".

O entusiasmo é louvável, mas essa abordagem de "tentar e passar pro seguinte" é trágica quando analisamos as estatísticas de vendas. Embora nunca seja aceitável assediar um cliente, os vendedores precisam demonstrar um mínimo de assertividade quando os prospectos apresentam objeções, pois uma conversa de vendas típica verá o prospect evitar o compromisso oito vezes antes de enfim concordar em comprar.[66] Há um ditado que diz que um raio não cai duas vezes no mesmo lugar, e talvez alguns vendedores acreditem que cumpriram sua missão ao tentar uma vez e seguir em frente. Mas a NASA provou que raios quase sempre caem várias vezes exatamente no mesmo lugar,[67] e assim também devem agir os vendedores.

Os seguintes traços comportamentais são consistentes em todas as transcrições de entrevistas e no modelo comportamental correspondente para pessoas que possuem o Motivador de Jornada relâmpago para comunicação:

COMPORTAMENTOS OBSERVADOS COM MAIOR FREQUÊNCIA
1. Imbatível/Determinado
2. Vigoroso/Energético
3. Audacioso/Corajoso
4. Franco/Expressão livre
5. Desafiador/Assertivo

O que se observa nesse grupo de comportamentos é o tipo de vendedor que tem presença pessoal, até mesmo poder. Ele provoca e desfruta o embate. Gosta do "bate e rebate" do debate animado de ideias. Porém, se os vendedores se comunicarem usando apenas *ethos* e *logos*, por mais desafiadores e carismáticos que sejam, os resultados sempre serão menos eficazes do que para vendedores que utilizam *pathos* para criar, desenvolver e sustentar uma discussão muito mais memorável. Onde estão as habilidades empáticas aqui? Onde estão as habilidades de escuta? A capacidade de ser ágil e flexível?

Sem o conteúdo emocional, um discurso de vendas pode focar apenas fatos e opiniões. Os tipos de compradores que respondem a isso são aqueles que já tiveram sua epifania emocional, pesquisaram suas opções, decidiram a preferida e agora estão verificando fatos e números e testando o mercado para garantir que o fornecedor esteja no mesmo nível das alternativas disponíveis.

Em qualquer momento, apenas 3% dos clientes comprarão ativamente dessa forma – o restante, não.[68] Sete por cento planejam mudar em algum momento, 30% veem a necessidade, mas não estão prontos para agir, 30% veem a necessidade, mas não estão interessados em sua empresa, e 30% não têm necessidade.

No final, o comportamento de vendas impulsionado pelo Motivador de Jornada relâmpago tem uma janela de oportunidade limitada porque apela apenas a certo tipo de comprador que pode já estar perto do final do processo de compra. Se seu produto é simples, comoditizado ou tão facilmente compreendido que um cliente pode completar a maioria das etapas de compra sem sua participação, então, por definição, o processo de vendas se resume a marketing para criar conscientização e recebimento de pedidos para concluir a transação. Nesse ambiente, os vendedores podem nem ser necessários, sobretudo à medida que a digitalização ganha cada vez mais espaço em nossas vidas profissionais.

O CEO da revista *Selling Power*, Gerhard Gschwandtner, escreveu um artigo intitulado "Você corre o risco de ser substituído pela tecnologia?".[69] Nele, apontou como os celulares um dia substituíram os telefones públicos; caixas eletrônicos substituíram os caixas bancários; sistemas automáticos de atendimento substituíram os operadores de central telefônica; e serviços de streaming substituíram os atendentes de locadoras de vídeo. Ele sugeriu que estamos em uma "economia de deslocamento", em que a tecnologia está eliminando formas antigas de fazer negócios.

Comentando sobre isso, Garth Moulton, cofundador do serviço colaborativo de dados Jigsaw.com, disse acreditar que a tecnologia está ajudando a transferir empregos de vendedores presenciais para equipes internas que vendem por meio da internet, com e-mail, chat ou telefone. Na transição dos vendedores de campo, ele espera economias em custos e pessoal. Jim Dickie, sócio do grupo de pesquisa CSO Insights, afirmou que, se tudo o que um vendedor pode fazer é falar sobre o produto, seu trabalho com certeza está em risco. Ele acredita que o papel dos vendedores tradicionais precisa evoluir na mesma proporção.

Isso significa que os vendedores com o Motivador de Jornada relâmpago estão fadados à extinção? Em indústrias nas quais o produto é simples e de grande demanda, e os clientes podem se autoeducar antes de fazer um pedido, o papel do vendedor é quase todo administrativo e centrado no processamento da documentação. Diretores financeiros orientados pelo lucro provavelmente substituirão tais funções por sistemas on-line para finalizar pedidos.

No entanto, em indústrias nas quais o produto é complexo, científico ou personalizado, a capacidade de discutir detalhes com um especialista provavelmente continuará sendo uma parte fundamental do processo de compra. Observa-se que vendedores dos perfis Narrador e Finalizador trabalham bem nesses tipos de indústrias porque seu roteiro gira em torno de *ethos* e *logos* – a pessoa e o produto.

Os analistas da McKinsey & Company oferecem a seguinte observação:

> Os dias em que o mesmo representante de vendas podia oferecer todos os produtos a todos os compradores ficaram para trás. Os vendedores estão sendo obrigados a comercializar uma quantidade cada vez maior de produtos e soluções devido à consolidação da indústria, à proliferação de produtos e ao perfil mais sofisticado dos compradores. Os clientes estão pressionando seus fornecedores a trazer toda a profundidade de conhecimento para cada venda. Como resultado, as empresas B2B precisam decidir entre manter várias forças de vendas para comercializar diferentes produtos ou adicionar camadas de especialistas em vendas que possam auxiliar os colegas na linha de frente. Como comentou um gerente de compras: "Na maioria das vezes, o vendedor puro não nos ajuda em nada – precisamos mesmo é do conhecimento técnico para projetar a solução certa".
>
> Considere a experiência do grupo de equipamentos de rede Cisco Systems. Além de ajudar a implementar soluções de interação virtual em setores tão diversos quanto saúde, ensino superior e manufatura, a empresa utiliza suporte de "especialistas virtuais" para atender aos próprios clientes. Essa mudança reduziu os custos de viagem dos especialistas em vendas em 50% globalmente, economizando milhões de dólares por ano. A mudança aumentou em média 40% o tempo que os representantes de vendas passam com os clientes e melhorou sua produtividade, bem como o equilíbrio entre a vida profissional e pessoal. Os clientes agora percebem que os especialistas em vendas estão mais acessíveis. Por fim, os representantes de vendas podem dedicar mais tempo a

atividades presenciais de alto valor, como interações complexas com clientes atuais e esforços para conquistar novos.[70]

O que salta aos olhos é que os vendedores com essas crenças têm um bom desempenho em vendas transacionais de alto volume quando entendem a função que desempenham. Os problemas surgem quando os empregadores lhes atribuem títulos incorretos, os avaliam e os treinam para desempenhar um papel diferente daquele que de fato exercem – porque, por exemplo, um novo conceito de treinamento de vendas está em voga (como chamar os profissionais de "vendedores de soluções" quando desempenham um papel puramente focado no produto). Ajudar a equipe a sentir-se preparada para exercer a sua função, e não deficiente, é essencial para ter uma força de trabalho produtiva e motivada. Isso começa com descrições de cargos diferentes e precisas para os variados papéis de vendas, além de alinhar corretamente as métricas de desempenho e a remuneração. Como diz o ditado: "Nunca tente ensinar um porco a cantar. Você perde seu tempo e irrita o porco".

Também é evidente que os vendedores com o Motivador de Jornada relâmpago não prosperam onde *pathos* e persuasão são necessários ao longo do processo de vendas de ponta a ponta: a condução de situações de vendas assim é melhor quando realizada por vendedores que acreditam no trovão.

MOTIVADOR DE JORNADA 2
ÓTIMA COMUNICAÇÃO É DESENVOLVER UM DIÁLOGO CONTÍNUO E REPLETO DE SIGNIFICADO (TROVÃO)

Os profissionais de alto desempenho mantêm diálogos contínuos, significativos e adaptáveis com seus clientes, porque construir credibilidade, mesmo quando não há ganho imediato à vista, é a maneira mais segura de estar no lugar certo na hora certa para identificar oportunidades emergentes de vendas. Os vendedores que adotam essa abordagem colocam-se em posição de influenciar os critérios pelos quais todos os fornecedores subsequentes serão avaliados, obtendo assim vantagens incrementais. Eles mantêm suas marcas pessoais e empresariais constantemente presentes diante de clientes atuais e potenciais, conscientes de que a exposição constante e a repetição (por meio de e-mails, impressos, chamadas telefônicas, mensagens de texto, reuniões e publicações em redes sociais) são como um trovão em um desfiladeiro – reverberam para a frente e para trás, de cima para baixo, muito tempo depois da conversa inicial.

Como explicou um dos profissionais de alto desempenho: "O escopo do meu trabalho é fazer com que o cliente me veja como alguém que deve estar em seu círculo interno quando decidir explorar ideias para as quais minha empresa oferece soluções. Para que isso aconteça, eles precisam me conhecer, confiar em mim e perceber que minhas contribuições não ocorrem apenas quando botam dinheiro na mesa".

Os seguintes traços comportamentais foram consistentemente observados nas transcrições das entrevistas e no modelo comportamental correspondente para pessoas que possuem o Motivador de Jornada trovão em comunicação:

Comportamentos mais frequentemente observados

COMPORTAMENTOS OBSERVADOS COM MAIOR FREQUÊNCIA
1. Sociável/Companheiro
2. Generoso/Disposto a compartilhar
3. Desafiador
4. Encantador/Magnético
5. Inspirador/Motivador

Quando perguntamos aos quinhentos vendedores de maior desempenho por que acreditam que os clientes às vezes não compram deles, a maioria respondeu algo como: "A mensagem, o público ou o momento estavam errados. Então, faço perguntas, ouço atentamente e uso o que aprendo para recalibrar". Louis Jordan expressou esse sentimento da seguinte forma: "Quando comecei a construir relações comerciais, não ouvia com atenção suficiente o que o cliente queria. Em mais de uma ocasião, economizei esforços, fiz suposições, achei que sabia o que era melhor. Essa foi uma das lições mais valiosas que aprendi em vendas. A bala precisa estar apenas um milímetro fora do alvo para causar um grande erro, então é fundamental ser um observador fanático. Esse erro de um milímetro será um quilômetro fora do alvo quando atingir o destino. Não presuma que você entendeu; continue tentando. Você precisará, no final das contas, tomar uma decisão, mas não tire conclusões precipitadas sobre qualquer situação".

Aqui vemos que o Motivador de Jornada relâmpago inclina os vendedores a serem mais incisivos, enquanto a subcrença trovão permite um realinhamento mais contemplativo. Por exemplo, um vendedor de alto desempenho passou dez anos trabalhando em uma única conta-chave, sem atender nenhum outro cliente durante o período. "Minha empresa me pediu que me mudasse para a Califórnia a fim de trabalhar na conta. Comecei como Sócio Júnior e passei cinco anos nesse papel, durante os quais desenvolvi um diálogo contínuo e significativo." Você estaria disposto a manter a calma e adotar o Motivador de Jornada trovão de forma mais intensa do que o Motivador de Jornada relâmpago? Esse sócio estava, e sua recompensa veio ao final do quinto ano. "A conta entrou em rotação e eles precisavam escolher um novo Líder de Cliente. Eu tinha uma vantagem significativa por causa do relacionamento que construímos e, no final, quiseram que eu me tornasse sócio sênior. Passei os cinco anos seguintes liderando o engajamento em uma escala global a partir de Los Angeles. Se não fosse por aqueles primeiros cinco anos formativos, não teriam me oferecido o cargo. Quer seja ao dar conselhos de consultoria, compartilhar artigos ou fazer apresentações, há milhares de pequenas coisas que formam a base de um relacionamento. Essas coisas importam, e você deve oferecê-las sem esperar nada em troca. Isso se aplica a clientes e prospects, mas também a colegas e parceiros de trabalho."

Os vendedores trovão ouvem os clientes muito mais do que os relâmpago. Isso pode ser difícil, pois exige um grau de confiança na própria experiência e disposição para investir tempo, mesmo que a recompensa pareça escassa. No final, trata-se de uma questão de fé – acreditar que esse é o caminho certo para desenvolver negócios. Os vendedores trovão são muito mais curiosos; fazem perguntas melhores graças a sua mente investigativa e seu interesse genuíno pela outra parte.

Harriet Taylor, da Oracle, nos disse: "Para ser uma solucionadora de problemas, não adoto uma abordagem de contar/vender. Uso meu carisma e habilidades sociais para construir confiança em mim como pessoa muito antes de entrar em qualquer discussão de vendas. Sou curiosa e inquisitiva, faço perguntas para entender meus clientes, seus objetivos e desafios. Isso é primordial".

Sua abordagem é típica de vendedores de alto desempenho. A curiosidade os motiva a fazer perguntas difíceis – não apenas para qualificar a venda, mas para realmente se colocar no lugar do cliente. Eles ouvem mais do que falam e demonstram um respeito inato pela outra parte, sem presumir que o vendedor tem o monopólio da sabedoria.

Um vendedor de ponta da Apple compartilhou: "Precisamos ser estudantes dos negócios de nossos clientes, assim como dos clientes deles, seus mercados e concorrentes. A melhor pessoa para nos contar isso é o cliente. Então, ouvimos".

Louis Jordan disse: "Acho essencial empatizar com os clientes. Se você não se importa, isso será perceptível. É isso que eleva as vendas para o próximo nível. Essa habilidade de entusiasmar outra pessoa com a forma como sua recomendação a beneficiará, levando-a a um resultado melhor, é primordial. Conforme você avança em sua carreira, inevitavelmente trabalha com pessoas que estão cinco passos à sua frente, por assim dizer. Você aprende com elas e suas experiências. Uma das chaves para ser um bom comunicador é observar. Ouça como as pessoas estruturam ideias e as comunicam; observe como usam a linguagem corporal e mostram sua capacidade de ouvir. Quando você ouve, está observando. Todos que são excelentes em vendas aprenderam a fazer isso, em algum momento e lugar".

O autor americano de livros de negócios Keith Rosen fez a seguinte pergunta aos vendedores: "Pense em quando você foi formalmente treinado para ouvir. É provável que não tenha sido. Poucos de nós fomos formalmente ensinados a ouvir de forma eficaz. Na maioria das vezes, acreditamos que ouvir é captar as palavras que saem da boca do cliente. Agora, se sabemos que ouvir de forma eficaz faz uma diferença dramática, por que não ouvimos melhor? Bem, talvez porque exige concentração, trabalho duro, paciência, a habilidade de interpretar as ideias de outras pessoas e recapitulá-las, bem como a capacidade de identificar a comunicação não verbal, como a linguagem corporal. Ouvir é um processo muito complexo, além de uma habilidade aprendida que requer esforço consciente, intelecto e emoção".[71]

Ele sugere que existem oito erros que limitam nossa capacidade de ouvir:

1. Você está pensando em alguma outra coisa enquanto o cliente fala? *(Sonhando)*

2. Durante sua conversa com um cliente, você espera por uma pausa para poder dizer algo? *(Preparando a resposta)*

3. Quão difícil para você é ficar em silêncio? Você diz algo sem pensar primeiro? *(Compulsivo/impulsivo)*
4. Você finge ouvir o cliente apenas para poder fazer os próprios comentários? *(Emboscada)*
5. Você pratica a escuta seletiva? Só ouve as coisas que quer ouvir com base nos próprios preconceitos? *(Julgamento)*
6. Você não percebe a mensagem que a pessoa está enviando por meio da linguagem corporal, como expressões faciais, contato visual e entonação vocal? *(Não totalmente presente)*
7. Você permite que o ruído de fundo no ambiente atrapalhe sua capacidade de escutar? *(Estresse induzido por ruído)*
8. Você escuta por entre filtros, baseados em experiências anteriores ou em situações semelhantes com outros clientes? *(Comparação)*

Keith também oferece oito ideias para se tornar um ouvinte melhor:

1. Encoraje o silêncio para mostrar que você está ouvindo ativamente. Abrace as pausas.
2. Nunca interrompa enquanto o cliente estiver falando.
3. Esteja presente. Deixe de lado seus dispositivos eletrônicos.
4. Faça o cliente se sentir ouvido com comentários como "o que estou entendendo é..." ou "me conte mais sobre isso".
5. Torne-se um ouvinte orientado a soluções. Escute mais para encontrar a solução pretendida do que para identificar problemas.
6. Ouça o que não está sendo dito. Encontre o significado por trás das palavras.
7. Resista à tentação de argumentar. Não discuta.
8. Ouça informações que você possa usar.

Como escreveu o médico e poeta americano Oliver Wendell Holmes (1809 –1894): "É o papel do conhecimento falar e o privilégio da sabedoria ouvir".

Os melhores vendedores são curiosos sobre os clientes como indivíduos: o que os motiva, no que estão interessados, o que estão tentando alcançar, por que ainda não conseguiram, o que os impede, quais as consequências se não alcançarem seus objetivos e como eles se relacionam com outras pessoas na organização. Eles também têm curiosidade sobre como poderiam melhorar o negócio do cliente se estivessem no conselho da empresa. Essas conversas se concentram na curiosidade e na escuta ativa.

Louis Jordan nos contou qual foi a venda que mais lhe trouxe satisfação em sua carreira: "Quando comecei em uma grande empresa de serviços profissionais, o maior projeto vendido até então era de aproximadamente um quarto de milhão de libras. Fui chamado para encontrar alguém relativamente júnior em uma seguradora. Logo ficou claro que era uma grande oportunidade. A pessoa com quem eu conversava teria uma ascensão rápida na organização. Percebi sem demora que havia a chance de criar um relacionamento real. Eu escutei. Demonstrei empatia. Saí daquela reunião, voltei ao escritório e recebi uma ligação no táxi dizendo que havíamos conquistado a primeira fase de um projeto que levaria a um relacionamento de longo prazo de vários milhões de libras. Isso foi revolucionário. A pessoa responsável pelo projeto no cliente recebeu o maior bônus dois anos consecutivos e se tornou um amigo para toda a vida, mais de vinte anos depois. Ele deu o meu nome a um de seus filhos. Claro, enfrentamos obstáculos muito difíceis, mas foi um marco em nossas vidas. Quando recebi a ligação no táxi informando que havíamos conquistado a primeira fase, não pude tomar providências, pois não era um sócio. Mas fui promovido a sócio logo depois! A curva do gráfico mudou dramaticamente. Eles queriam alguém empático".

Os vendedores de alto desempenho acreditam que devem começar cada discussão em um estado de "não saber". Sua abordagem é de um copo vazio esperando para ser preenchido, não de um copo cheio esperando para ser esvaziado.

É possível que, ao discutir abertamente objetivos, barreiras e possíveis soluções, um vendedor consiga convencer o comprador do conceito por si só, sem precisar entrar em detalhes sobre quais produtos ou serviços serão usados. Se solicitado a ser técnico, ele pode ir por esse caminho, mas não é como começa.

Em geral, os clientes já consideraram como seus objetivos pessoais podem ser acelerados se a empresa alcançar seus objetivos de negócios. Porém, como a maioria dos vendedores só fala sobre os próprios produtos, sua voz se destacará como um trovão em meio ao ruído quando você demonstrar interesse em conectar esses pontos para eles. É aqui que entra o *pathos* – ao incluir o que há de particularmente vantajoso para o cliente, você lhe dá algo muito íntimo para valorizar. Conquiste o coração deles. Depois, conquiste a mente.

Harriet Taylor sugere lembrar que a maioria das vendas exige aprovação de mais de uma pessoa. Portanto, é prudente conectar os pontos com várias pessoas. Isso exige um alto nível de adaptabilidade, pois a solução pode precisar satisfazer diferentes pessoas por diferentes motivos.

"Você precisa obter consenso. Os clientes querem soluções prontas, porém personalizadas. O segredo é não revelar sua proposta muito cedo, apresentar seu produto primeiro e ouvir as pessoas dizerem que não é o que tinham em mente. Eles não podem ter sua solução em mente até que você a coloque lá!", diz Harriet. "Então, você precisa obter informações no início e conectar o que ouve sobre eles com o que sabe sobre tendências atuais ou emergentes em seu setor. Dê a eles um motivo para vê-lo como um especialista com conhecimento raro. Isso desmonta quaisquer noções preconcebidas que eles possam ter. Esvazia o copo deles e o coloca em uma posição de preenchê-lo com a jornada de onde estão hoje para onde querem chegar."

Vender dessa forma significa tratar apresentações e soluções pré-construídas como diretrizes, não como padrões fixos. As histórias e os exemplos contados por esses vendedores mudam de contato para contato e são sempre adaptados ao que aprenderam como sendo os pontos-chave da narrativa. Quando você reproduz para os clientes a história deles (única), eles se identificam facilmente e se veem como os heróis. Pesquisas mostram que, em qualquer apresentação, 63% das pessoas se lembram das histórias, enquanto apenas 5% se lembram das estatísticas. Qual foi a história contada em sua última apresentação de vendas?

Encerramos este capítulo com uma história que ressoa tão poderosamente hoje quanto em 1978. Um vendedor de alto nível estava tentando fechar o maior negócio de sua carreira até então. Em uma reunião anterior no ambiente do cliente, enquanto esperava sua vez no refeitório, conversara, diante da máquina de café, com um supervisor não diretamente envolvido no projeto.

Esse funcionário havia mencionado, de modo casual, que muitas das crianças da escola de seu filho tinham bonecos de quinze centímetros de *Guerra nas estrelas*, mas ele não conseguira comprar um, pois os personagens populares esgotaram apenas horas após o lançamento. Não havia Stormtroopers disponíveis, não conseguia encontrar Obi-Wan Kenobi, e os Jawas com capa de vinil eram raros. Com os procedimentos de envio da década de 1970, esses itens poderiam levar meses para serem reabastecidos. Essa história foi uma referência passageira, um pequeno detalhe, que nada tinha a ver com a venda.

Algumas semanas depois, houve uma reorganização na gestão daquela mesma empresa. Dois departamentos foram fundidos e o colega da máquina de café passara a ser o responsável pela decisão. Ao saber disso, o vendedor teve uma ideia.

Ao fazer sua proposta, ele colocou sobre a mesa uma folha grande de papel que havia desenhado na noite anterior. Mostrava um mapa com círculos e linhas pontilhadas conectando-os, rotulados como Tatooine, Estrela da Morte, Base Rebelde e Ataque da Aliança, evocando locais-chave do primeiro filme de *Guerra nas estrelas*.

Em sua maleta, ele trazia uma coleção dos cobiçados bonecos e adesivo Blu-Tack. Ele contou a história de como a organização do cliente despertou para a necessidade de mudança, quem defendeu a ideia e quais funcionários dedicaram tempo a fim de realizá-la. Bonecos de R2-D2, Luke Skywalker e os raros Obi-Wan Kenobi e Jawas foram fixados no papel, com os nomes de funcionários reais escritos ao lado.

A história descreveu como eles tinham um destino em mente, mas precisavam superar incertezas e desafios representados pela Estrela da Morte. Esse círculo foi preenchido com meia dúzia de Stormtroopers, cada um com uma etiqueta de papelão em branco colada na cabeça. O vendedor insistiu que os participantes na sala definissem quais eram as seis prioridades mais importantes, e estas foram escritas nas etiquetas.

Após uma viagem pelo hiperespaço, com Han Solo no comando, os heróis chegaram à Base Rebelde, e a solução do vendedor foi explicada. Como a solução seria implementada foi descrito no círculo do Ataque da Aliança.

A audiência debateu se cada elemento da solução tinha o poder de derrubar os Stormtroopers ainda de pé na página. Parte da diversão foi concordar com como a solução precisava ser ajustada e, em seguida, derrubar os Stormtroopers com um golpe do sabre de luz de plástico de Obi-Wan ou a besta de Chewbacca.

O vendedor perguntou a cada pessoa como se sentiriam ao alcançar aqueles resultados e anotou a resposta ao lado de seus nomes. Ele então desenhou uma explosão vermelha sobre a Estrela da Morte, números e, em letras maiúsculas, escreveu: "MISSÃO CUMPRIDA".

Quando o executivo responsável perguntou se receberiam uma proposta formal, o vendedor apontou para o esquema colorido e disse: "Isto é o que faremos juntos (apontando para a Base Rebelde). Estes são os problemas que resolveremos (Stormtroopers) e como isso os fará se sentir. Aqui está o custo (os números ao lado da explosão da Estrela da Morte). Vocês sabem onde me encontrar e eu gostaria de que ficassem com os bonecos. Que a Força esteja com vocês". Com isso, ele guardou a maleta e saiu da sala.

Sua última impressão foi ver o rosto do executivo mudar ao perceber que o vendedor havia lembrado de sua conversa na máquina de café semanas antes, procurado os raros bonecos e adaptado toda a situação a uma apresentação divertida que não apenas respondeu às perguntas da empresa, mas atendeu a uma necessidade pessoal como pai.

O vendedor apresentou a solução mais cara e venceu com facilidade. Anos se passaram e as pessoas ainda se lembravam da apresentação inovadora – o trovão do vendedor continuava a reverberar muito tempo depois que o relâmpago da concorrência havia desaparecido.

* * *

Na próxima página há uma tabela para a Crença de Destino de comunicação. Encontre um lugar tranquilo, contemple as questões e escreva suas respostas. Fazer isso o levará adiante na jornada da aplicação do código secreto do vendedor. Em seguida, oferecemos percepções adicionais sobre comunicação, que foram compartilhadas pelos Icônicos entrevistados para a pesquisa.

MINHA REVISÃO DE COMUNICAÇÃO

Pergunta 1. Quais dos oito fatores potencialmente limitam sua capacidade de realmente ouvir seus clientes? De que maneiras você será diferente a partir de agora?

_____
_____
_____

Pergunta 2. Seus clientes ouvem você como um relâmpago repentino ou como um trovão contínuo? O que você quer manter igual ou mudar? (Pense nisso no contexto do equilíbrio entre *logos*, *ethos* e *pathos*.)

_____
_____
_____

Pergunta 3. Você é curioso o suficiente sobre seus clientes? O que fará de diferente para demonstrar interesse por eles?

_____
_____
_____

PERCEPÇÕES ADICIONAIS DE COMUNICAÇÃO DOS VENDEDORES DE ALTO DESEMPENHO

1. **Considere cada stakeholder único.** Planeje como você vai se comunicar para mostrar que os vê como mais do que apenas números. Prepare-se antes de cada contato. Estruture suas perguntas de forma que percebam que foram projetadas exclusivamente para eles, incluindo referências a coisas que já lhe disseram ou a ideias que postaram on-line. Explique como a proposta de valor que está apresentando pode impulsionar seus objetivos pessoais ou corporativos, pergunte se isso é algo que desejam e o que alcançar isso significará para eles ou para sua equipe.

2. **Crie experiências memoráveis fazendo algo que nenhum outro vendedor faz.** A poeta e ativista dos direitos civis Maya Angelou disse: "As pessoas esquecerão o que você disse, esquecerão o que você fez, mas nunca esquecerão como você as fez sentir". Trate seu cliente com respeito. Lembre-se de pequenas cortesias. Convide-o para locais a que normalmente não teria acesso. Durante a etapa de descoberta da venda, chame-o para um passeio de balão ao amanhecer e tematize suas perguntas com referências a "uma visão panorâmica", "manter-se no alto", "o próximo nível" e "horizontes". Na etapa de apresentação, leve-o a um autódromo, deixe que acelere um motor potente e alinhe seu discurso com conceitos como velocidade, controle e aceleração. Imprima maços de dinheiro fictício, arrume-os em uma maleta e peça ao cliente que a abra durante uma reunião, explicando que aquela soma representa o ROI que sua solução proporcionará no primeiro ano. Apresente-o a empresários que admira. Consiga

um exemplar autografado do livro do autor favorito dele e o presenteie, com um bilhete de agradecimento. Imprima uma imagem de um boi com linhas pontilhadas representando os cortes de carne, rotulando cada corte como um problema que sua solução resolverá. Se fecharem negócio, leve-o para jantar em um local caro, para celebrar a transição de "stakeholder" para "stakeholder". (Se o cliente fechar com a concorrência, envie um conjunto de facas como prêmio de consolação.) Vendedores criativos sabem como se comunicar de maneiras inesquecíveis. E, mesmo que algumas dessas ideias pareçam completamente loucas, elas foram sugeridas por vendedores de alto desempenho durante nossas entrevistas. Se você pensou: "Isso nunca vai funcionar", talvez valha a pena explorar por que mantém essa crença limitante. Como seria se *funcionasse*?

3. **Os melhores comunicadores demonstram empatia autêntica.** Eles vão além do clichê "Eu entendo como você se sente" e respondem com profundidade, revelando que realmente caminharam nos sapatos do cliente e podem se relacionar de verdade, ajustando tom, ritmo e volume à disposição do comprador. Se não têm experiências relacionáveis, perguntam: "Como é isso para você?", "Como isso o impacta?", "Como seria?" e aproveitam a oportunidade para aprender.

4. **Os melhores vendedores investigam além do que o cliente quer.** Eles perguntam por que querem aquilo, por que agora, o que mudou para torná-lo relevante, como fazem isso atualmente, o que gostam na abordagem atual, o que querem mudar, quem mais deseja essa mudança, quem não quer mudar, qual é a experiência de todos em mudanças semelhantes, se será fácil ou difícil, quais são os riscos, quais as consequências de não agir, se há retorno em agir, quando a janela de oportunidade se fechará, como será o sucesso, como saberão que encontraram a solução certa, quais critérios estão usando, quem os definiu, quem influenciou suas ideias. Essa é apenas uma pequena amostra de perguntas que vendedores icônicos utilizam para facilitar o processo de comunicação.

5. **Ofereça feedback positivo sobre coisas que você observa.** Quando o cliente fizer algo que você admira, externalize isso. Pode ser a forma como conduziu uma reunião, uma pergunta que fez você refletir, a qualidade de uma apresentação ou uma causa beneficente que a equipe dele apoia. Algumas empresas têm culturas em que líderes raramente dão feedback positivo. Uma palavra gentil de reconhecimento pode se destacar como um oásis rico em meio a um deserto árido.

6. **Pare de usar slides como ferramenta-padrão de apresentação.** Sua equipe de marketing pode gostar de controlar o formato e o conteúdo, mas os clientes desejam discussões, não narrações. Você será percebido como mais apaixonado, sofisticado, criativo e atento se utilizar papel e caneta, tablet e caneta stylus, ou marcador e quadro branco.

O QUE ESTÁ NA MENTE?

O psicólogo diz...

Todos nós nos comunicamos por diversos canais todos os dias, mas o poder de uma comunicação eficaz é frequentemente subestimado. O autor S. F. Scudder, em sua teoria da comunicação (1980), afirmou que "todos os seres vivos existentes no planeta se comunicam, embora a forma de comunicação seja diferente".[72] Pense nisso. Como humanos, temos a fala como padrão, mas os animais usam sons e movimentos, as crianças choram antes de aprender a falar, e as plantas exibem mudanças visíveis para sinalizar sua necessidade de água. Dentro desse contexto, quando a comunicação é analisada sob uma perspectiva psicológica, é preciso considerar não apenas o fluxo de informações de uma pessoa para outra, mas também pensamentos, sentimentos, perspectivas e reações subjacentes.

Para os vendedores, é essencial considerar a pessoa com quem você está se comunicando e como pode adaptar a comunicação para atendê-la. Ela prefere detalhes e descrições ou apenas os fatos? E-mails curtos ou longos? Prefere falar ao telefone? Gosta de ter uma conversa pessoal antes de tratar de negócios? Estas são questões importantes ao se comunicar com um cliente, stakeholder ou colega. Às vezes, uma simples pergunta, "Como devo entrar em contato com você?", pode estabelecer a preferência do outro em termos de comunicação prática. O cliente prefere e-mail, ligação, mensagem de texto, redes sociais etc.? Acima de tudo, certifique-se de que a forma escolhida para sua comunicação seja clara e precisa. A clareza é fundamental para evitar mensagens confusas e garantir que você tenha a maior influência sobre o resultado desejado, seja fechar um negócio, negociar custos ou fornecer percepções e valor.

A ÚLTIMA PALAVRA SOBRE COMUNICAÇÃO

O momento em que George H. W. Bush perdeu a presidência dos Estados Unidos

Em um dos últimos debates presidenciais televisionados de 1991, o então presidente George H. W. Bush respondia a perguntas sobre o estado da economia americana. O moderador convidou uma senhora da plateia a fazer sua pergunta, e ela a iniciou com algumas observações pessoais. Falou sobre sua cidade, onde as pessoas estavam perdendo seus empregos. Falou sobre a própria família, alguns dos quais estavam desempregados e com poucas perspectivas de conseguir trabalho. Relatou a dificuldade e a miséria que essa situação estava causando.

As câmeras de televisão focaram o presidente Bush a tempo de vê-lo olhando para o relógio. Ele se recompôs, prosseguiu para demonstrar simpatia pela questionadora e falou sobre "forças econômicas globais", "política macroeconômica" e "política governamental" em sua resposta. Eloquente, demonstrou conhecimento e assertividade. Foi presidencial.

Seu adversário no debate, o candidato Bill Clinton, foi convidado a comentar. Ele deu um passo à frente, aproximando-se da senhora. Disse que compreendia sua dor e que também tinha amigos que perderam seus empregos. Reconhecia o tipo de cidade de onde ela vinha, porque era o tipo de cidade de onde ele também vinha. Empático, falou de maneira ponderada e simples de entender. Foi humano.

A plateia no estúdio entendeu o que acabara de acontecer. O público que assistia de casa teve a mesma reação. Pouco tempo depois, Bill Clinton foi eleito o 42º presidente dos Estados Unidos.

CRENÇA DE DESTINO
PESSOAS BEM-SUCEDIDAS SABEM MELHOR DO QUE NINGUÉM COMO SE COMUNICAR
(COMUNICAÇÃO)

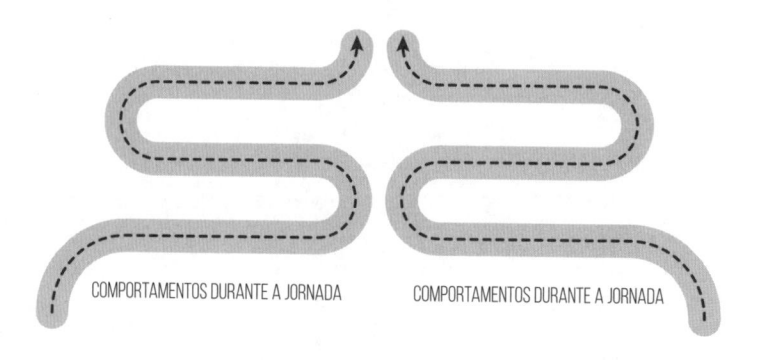

COMPORTAMENTOS DURANTE A JORNADA COMPORTAMENTOS DURANTE A JORNADA

ALTO 100% — **EQUILIBRADO** 0% — **ALTO** 100%

21% — **79%**

ESPECTRO DE INTENSIDADE

MOTIVADOR DE JORNADA 1
Ótima comunicação é transmitir sua mensagem de forma clara e suscinta
(Relâmpago)

MOTIVADOR DE JORNADA 2
Ótima comunicação é desenvolver um diálogo contínuo e repleto de significado
(Trovão)

57% dos respondentes são mais motivados pela subcrença relâmpago do que pela trovão.

43% dos respondentes são mais motivados pela subcrença trovão do que pela relâmpago.

Dos próprios vendedores que responderam à pesquisa, 61% acreditam que não se comunicaram com a clareza necessária quando os clientes não respondem positivamente a uma mensagem de vendas.

A corrente alternada (AC, do inglês *alternating current*) é reversível, enquanto a corrente contínua (DC, do inglês *direct current*) flui apenas em uma direção. A AC é capaz de transferir corrente por longas distâncias e fornece mais energia, enquanto a DC só consegue transferir uma quantidade limitada. Por essa razão, a energia AC é preferida em residências e indústrias, enquanto a DC é mais utilizada em dispositivos elétricos alimentados por pilhas. O problema com as pilhas é que lentamente perdem energia. Tornam-se fracas. Precisam ser substituídas ou recarregadas. Se você se comunicar apenas transmitindo uma mensagem, sem parar para verificar se está sendo recebida, será como essas pilhas descarregadas. Uma comunicação bem-sucedida, como a corrente alternada (AC), precisa fluir em ambas as direções.

Dessa forma, ela cria um diálogo contínuo e significativo, capaz de se estender por longas distâncias e fornecer mais energia!

43% dos respondentes reconhecem que construir relacionamentos é mais importante do que realizar uma transação (porque desenvolver relacionamentos duradouros os ajudará a ser melhores do que jamais pensaram que poderiam ser).

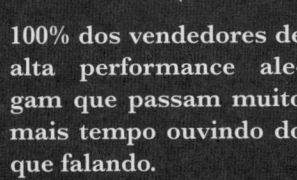

100% dos vendedores de alta performance alegam que passam muito mais tempo ouvindo do que falando.

100% dos profissionais de alta performance são curiosos sobre o trabalho de vendedor. Estão sempre dispostos a saber mais sobre seu próprio desempenho e como melhorá-lo. São pessoas abertas ao aprendizado contínuo, à adaptação e à mudança.

CAPÍTULO SETE

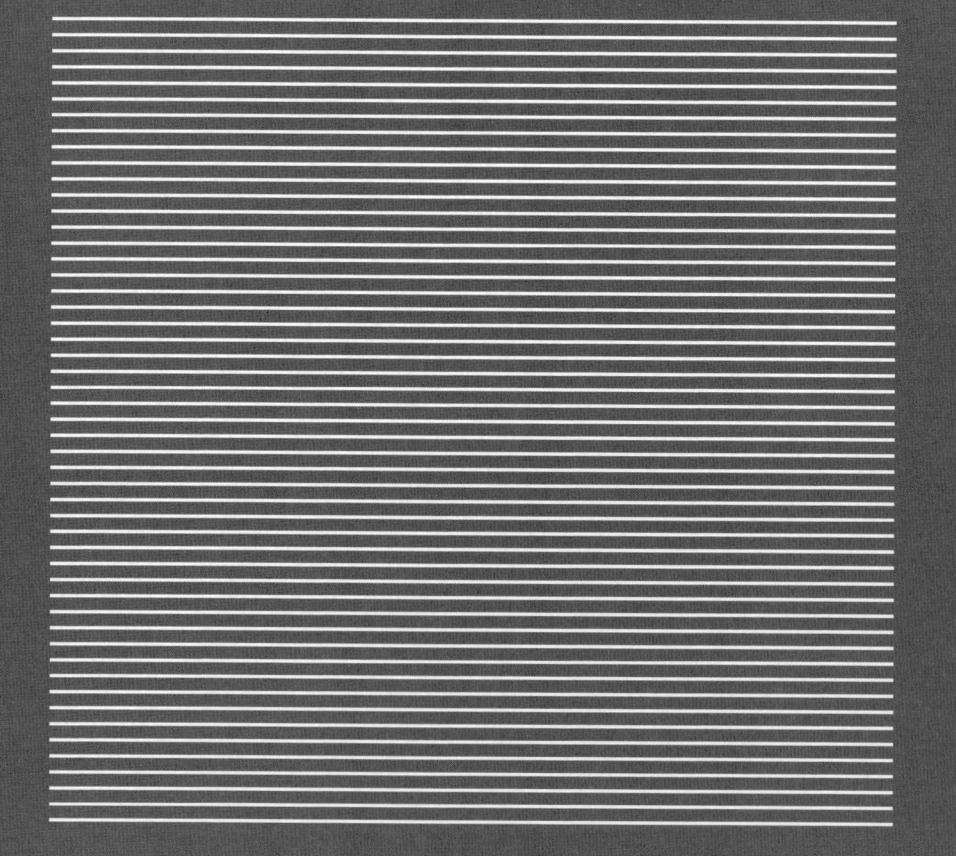

REVELANDO SEU CÓDIGO

Nos capítulos anteriores, exploramos cinco Crenças de Destino e dez subcrenças ou Motivadores de Jornada. Descobrimos que os vendedores contam com ambos os tipos de Motivadores de Jornada e que o segredo dos profissionais de melhor desempenho está em manter uma *combinação específica de intensidade para cada um*. Vamos relembrar o equilíbrio ideal entre os Motivadores de Jornada, conforme ilustrado a seguir:

EQUILÍBRIO IDEAL DE INTENSIDADE DOS MOTIVADORES DE JORNADA

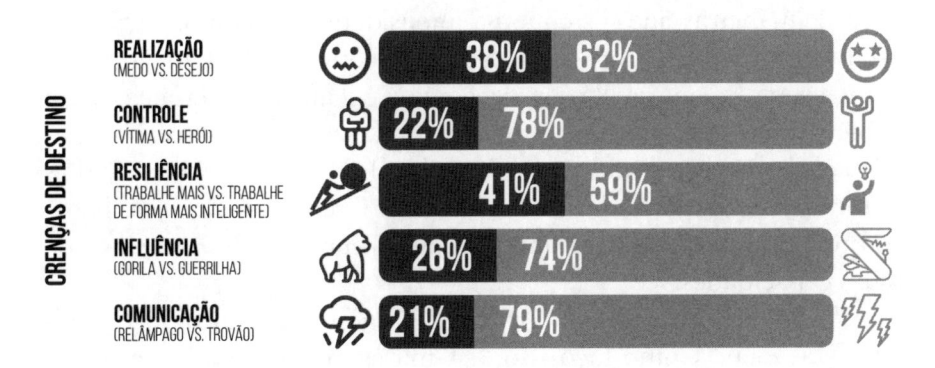

CRENÇAS DE DESTINO			
REALIZAÇÃO (MEDO VS. DESEJO)		38%	62%
CONTROLE (VÍTIMA VS. HERÓI)		22%	78%
RESILIÊNCIA (TRABALHE MAIS VS. TRABALHE DE FORMA MAIS INTELIGENTE)		41%	59%
INFLUÊNCIA (GORILA VS. GUERRILHA)		26%	74%
COMUNICAÇÃO (RELÂMPAGO VS. TROVÃO)		21%	79%

FIGURA 8

As cinco Crenças de Destino e a intensidade ideal dos Motivadores de Jornada

O próprio equilíbrio de intensidade pode estar estreitamente alinhado a isso ou variar um pouco. A diferença entre o seu equilíbrio atual de motivação e o equilíbrio ideal, como demonstrado pelos

5% melhores, representa o tamanho da mudança necessária em suas crenças e motivações para se alinhar aos melhores entre os melhores. Agora, você pode tirar algumas conclusões sobre o próprio "delta do código secreto". A esta altura da leitura, é razoável supor que você achou este livro provocativo e digno de reflexão. O restante deste capítulo tem como objetivo ajudá-lo a ajustar algumas de suas crenças e motivações atuais e a modelar (copiar) outras pessoas que apresentam os atributos que você gostaria de incorporar.

O que você ainda não terá, neste momento, é uma medição específica do seu "delta do código secreto". Contudo, os autores de *O código secreto do vendedor* desenvolveram um instrumento psicométrico que oferece exatamente isso. Mais informações podem ser encontradas em *www.salespersons-secret-code.com*. Com uma medição precisa do equilíbrio dos próprios Motivadores de Jornada, você terá um mapa detalhado para guiá-lo rumo ao seu destino.

Torne-se um "Modelador"

Nossos profissionais de alto desempenho agora se tornaram nossos modelos de referência. Sabemos que os 5% melhores têm sucesso em grande parte porque suas crenças os impulsionam a pensar e agir de maneiras que sustentam a intensidade de sua motivação. Os vendedores icônicos que destacamos ao longo deste livro forneceram exemplos maravilhosos de como aplicam essas crenças para obter a combinação especial que sustenta seu sucesso coletivo. Eles descobriram para si mesmos o nível ideal de "tensão" entre os dois Motivadores de Jornada, dentro de cada Crença de Destino. Isso é o que permite que entreguem resultados que refletem o melhor de suas capacidades.

Você pode estar pensando: "Bom para eles. Decifraram o código. Mas e eu? Como faço isso?". Uma estratégia simples é: tomar a decisão de aprender com nossos modelos de referência e aplicar algumas de suas técnicas por conta própria. Muitos grandes pensadores e criadores descobriram que as melhores ideias são aquelas "roubadas e aprimoradas". Sinta-se à vontade para *roubar* quantas ideias quiser do que leu aqui. Imagine a melhoria no desempenho de vendas globalmente se todos os vendedores adotassem apenas uma ou duas das ideias que aprendemos e ajustassem seu equilíbrio de intensidade para mais perto do que agora sabemos ser a posição ideal. Pense nisso como se sintonizasse um rádio antigo, antes da era do *streaming*. Você ouve o ruído branco e, ao girar o dial, começa a captar a frequência da estação que procura. Continua girando e, de repente, lá está – um sinal claro e forte. Isso é muito semelhante. Pode levar tempo para você ajustar seu "dial interno" e encontrar o próprio sinal claro e forte. Mas ele está lá, transmitindo. O seu ponto ideal no dial está esperando!

Quando adotamos alguns dos comportamentos de outras pessoas, chamamos isso de "modelagem". Qualquer pessoa que leia este livro pode modelar. Sabemos disso porque, ao longo de sua vida, você já modelou outras pessoas, consciente ou subconscientemente. É assim que aprendemos e crescemos. Você pode ter modelado seus pais e talvez ainda o faça; pode ter aprendido com seus professores; pode ter absorvido como realizar tarefas com colegas de trabalho. A lista de pessoas que você modelou ao longo da vida é considerável. Como Stephen Sondheim escreveu no musical *Into the Woods*: "Cuidado com o que você diz, as crianças vão ouvir. Cuidado com o que você faz, as crianças vão aprender".

Cada um de nós tem a capacidade de demonstrar curiosidade sobre alguém ou algo. Todos podemos parar, observar e ouvir como outras pessoas operam. Tudo o que estamos convidando você a fazer é tornar a modelagem algo deliberado, executado com plena consciência. Você pode adicionar essas informações ao que aprende sobre si mesmo no dia a dia.

Como modelar em seis passos

1. Foque um aspecto específico que você deseja incorporar, baseado no comportamento de alguém. Por exemplo, você pode querer se tornar mais guerrilha, menos gorila, (veja o Capítulo 5, sobre influência) e admirar como um colega parece exercer influência sobre os demais. Essa é uma habilidade que você deseja emular. Identifique o efeito que o comportamento ou talento dessa pessoa tem em você e nos outros. O que você vê, ouve e sente? Quando fizer isso, terá encontrado o fator "Uau!". O passo um envolve "O quê", "Quem" e "Uau!".

2. Observe-os trabalhando, conversando com outras pessoas e o efeito que seus comportamentos causam. Preste atenção na maneira como se movimentam, talvez com confiança, cabeça erguida. Você pode descobrir que, enquanto fazem isso, outras pessoas parecem ganhar confiança. O passo dois é observar o "Como".

3. Pergunte a eles: peça que se imaginem usando o talento que você observou e obtenha suas percepções. Deixe muito claro que pode levar algum tempo para que identifiquem essas percepções, pois talvez não estejam cientes dos talentos que você notou. Estruture suas perguntas no presente e peça aos seus modelos que descrevam o seguinte em relação à execução de uma tarefa:

   a. O que está ao seu redor?

   b. O que você está fazendo?

   c. O que você está dizendo?

   d. Quais talentos você está utilizando?

   e. O que realmente importa para você neste momento?

   f. Como você se descreveria?

Vamos expandir o exemplo dos passos um e dois. Você pode perguntar ao seu modelo: "Conforme ingressa na sua reunião com a cabeça erguida, como você se descreveria?". Suponhamos que a resposta seja algo como: "Sou um especialista no assunto, confiante e seguro. Sou alguém que ouvirá as preocupações do meu cliente e responderá de maneira a mostrar que estou em sintonia com sua situação. Eu os encorajarei a me enxergar como um aliado". Nesse momento, você pode ter descoberto algo que pode usar, algo que pode permitir que você seja um pouco diferente. Eles descreveram atributos de guerrilha. Como você teria respondido se lhe fizessem a mesma pergunta? Você teria descrito atributos de gorila ao observar o próprio comportamento? Nesse momento, você pode ter identificado uma maneira de "ajustar o seu dial". O passo três é "Perguntar".

4. Reflita sobre o que você aprendeu com suas observações e conversas. Depois, ponha-se no lugar do seu modelo, deixando de lado quaisquer preconcepções que possa ter. Apenas suponha que o que eles dizem e fazem agora é a maneira como *você* dirá e fará. E seja isso! O passo quatro é "Fazer".

5. Ao adotar os comportamentos do seu modelo, observe quais aspectos do que você está fazendo fazem a diferença para você. Esteja preparado para descartar algo se não estiver ajudando em seu aprimoramento. Esteja "plenamente presente" e consciente enquanto modela o novo comportamento. O passo cinco trata de "Avaliar".

6. Faça uma anotação do processo, comportamento, padrão de linguagem – seja o que for que você modelou. Permita que isso seja absorvido por quem você é. Permita que isso se torne sua identidade. Pode levar tempo – demore quanto precisar.[73] Por fim, o passo seis trata de "Adaptar e Adotar".

A seguir, veja um resumo dos seis passos.

FIGURA 9

Os seis passos para uma modelagem bem-sucedida

Hoje vivemos no que foi chamado de mundo VUCA – volátil, incerto (do inglês *uncertain*), complexo e ambíguo. Antigas certezas já não são tão certas assim. O ritmo do avanço tecnológico e o impacto da globalização têm causado efeitos imprevistos e, muitas vezes, desorientadores. As consequências finais são insondáveis. Agora, mais do que nunca, a necessidade de continuar aprendendo e se desenvolvendo é evidente se você quiser trilhar o caminho do sucesso. A escolha de modelar – ou não – é sua.

Jogue com o que você acredita

Este estudo trata de crenças. As crenças dos nossos vendedores de alto desempenho os impulsionam a agir de determinadas maneiras; esses comportamentos levam a resultados específicos. Mas o que exatamente *é* uma crença, e por que é tão vital entender no que acreditamos e por quê?

Comecemos com uma afirmação: "Se eu não usar um cachecol durante o inverno rigoroso, vou pegar um resfriado".

É verdade? Não é verdade? O que seus pais disseram a você quando era criança? Isso, é claro, dependerá em grande parte de onde no planeta Terra você foi criado, mas todos podemos concordar com este ponto: a possível consequência de pegar um resfriado por não usar um cachecol pode ou não acontecer. Se acontecer, então talvez a afirmação seja verdadeira. Se não acontecer, talvez eu apenas não tenha me resfriado dessa vez. Ainda assim, posso continuar acreditando que não usar um cachecol no frio é algo arriscado.

É fácil observar que a afirmação sobre clima frio, cachecóis e doenças não tem nada a ver com fatos ou com exatidão, e *tudo* a ver com fé, uma certeza cega e uma verdade emocionalmente sustentada. Isso é uma crença. Você pode rir da hipótese de que não usar um cachecol significa que pegar um resfriado é inevitável – assim como a noite segue o dia, se eu esquecer de usar meu cachecol entre novembro e março, vou ficar doente. "Bobagem!", você pode exclamar. Mas o fato simples é: você acredita nisso ou não.

Crenças são opiniões emocionalmente sustentadas que interpretamos como fatos.[74] As crenças nos fornecem a motivação para aplicar certos talentos ou habilidades. Elas podem promover ou inibir determinados comportamentos. E têm um impacto significativo em nossa percepção de nós mesmos, de quem somos e por que fazemos o que fazemos. É por isso que podemos observar diferenças tão marcantes entre os vendedores que apresentam baixo desempenho e os de alto desempenho. E também é o motivo pelo qual conseguimos perceber com facilidade por que nossos Icônicos foram bem-sucedidos.

O que muitas vezes tomamos como verdade, tanto para nós mesmos quanto para os outros, são pressuposições. Presumimos sua veracidade, agimos de maneiras que sustentam a pressuposição e a reforçamos como uma crença quando "descobrimos" que funcionou ou cumpriu sua promessa. E as crenças estão na raiz de alguns dos piores excessos da humanidade (o Holocausto, a Inquisição, o Apartheid etc.) e dos melhores momentos (a fundação das Nações Unidas, o dia em que Yuri Gagarin se tornou o primeiro viajante espacial, ou a crença inabalável de Bob Geldof de que a música poderia ajudar a erradicar a fome na Etiópia). À medida que acreditamos, assim nos comportamos. As crenças estão em nosso cerne.

Portanto, temos convidado você a pensar sobre como suas crenças afetam o vendedor, o líder de vendas ou o ser humano que deseja ser. Mas como começamos a mudar pressuposições anteriormente sustentadas sobre nós mesmos e sobre o mundo em que habitamos? Voltemos ao nosso cachecol e ao dia frio de inverno. Como eu "me desapego" da crença de que o cachecol é essencial para minha boa saúde? Bem, imagine como seria ousar sair em um dia frio sem um cachecol. Eu posso sentir o ar frio no pescoço e até gostar disso. Posso apreciar que me sinto menos restrito sem um cachecol apertado ao meu redor. Posso de repente notar que muitas outras pessoas na rua também estão andando sem cachecol, parecendo saudáveis. Isso é a Lei da Similaridade – notamos aqueles que são como nós e queremos ser como eles. Em resumo, para começar a mudar uma crença, posso, de forma tentadora, "experimentar" outra crença. Se isso realmente me causar dor e angústia, sempre é possível voltar a usar o cachecol. O truque é ousar tentar! O que está me impedindo? Será que tenho medo de preferir uma existência sem cachecol?

Experimentando novas crenças

1. Escolha um dos Motivadores de Jornada que você gostaria de perseguir como forma de reequilibrar a intensidade com que sustenta cada um dos dois. Pense na Crença de Destino de realização, do Capítulo 2. Qual Motivador de Jornada você quer abordar? Você pode decidir explorar o primeiro e se mover em direção a estar livre do medo ("Vejo no fracasso uma oportunidade de aprender.") Ou pode decidir experimentar o segundo ("Vou me surpreender e ser brilhante."). Vamos supor que você resolva experimentar o Motivador de Jornada 2. Como seria isso? O que está acontecendo enquanto você se surpreende? Talvez tenha conquistado um novo cliente

que nunca imaginou que ganharia. Talvez tenha dobrado sua meta anual de vendas. Talvez tenha atingido seus números em um ambiente de mercado realmente desafiador. O que faria a diferença que você deseja ver e experimentar em si mesmo?

2. Agora, pense em uma situação diferente, um momento em que você foi brilhante. Como foi isso? Onde você estava? O que estava acontecendo? O que você estava fazendo que foi tão notável? O que as outras pessoas ao seu redor estavam vendo, ouvindo e sentindo ao experimentar sua brilhante atuação? Chamamos esse processo de "associação". Você está se associando a um momento em que demonstrou exatamente os atributos, habilidades, talentos e comportamentos que está buscando recapturar agora. Não é interessante descobrir que já podemos fazer e ser o que achamos que nos falta?

3. Conforme se conecta àquele momento em que estava sendo brilhante, você pode se ajudar a manter essa sensação. Chamamos isso de "ancoragem". Por exemplo, toque sua aliança ou relógio enquanto se associa aos sentimentos, ou feche os olhos. Às vezes, durante a ancoragem, os sentimentos podem dissipar-se. Isso é normal, então pare o processo, faça uma pausa e tente mais uma vez. Às vezes, pode ser necessário passar por várias "sessões de tentativa" para ancorar com sucesso.

4. Quando estiver satisfeito por estar completamente associado ao momento em que estava sendo brilhante, quando acreditar que é brilhante, reconecte-se ao Motivador de Jornada 2. Agora, permita-se explorar:

    a. Seu ambiente – onde você está e como é esse lugar.

    b. Como você está se comportando – o que está dizendo e fazendo que demonstra claramente que você está sendo brilhante ou se surpreendendo.

c. Quais talentos você está exibindo neste momento.

d. O que é importante para você e como saber disso está apoiando seus comportamentos e talentos.

e. Como ser assim afeta sua apreciação por si mesmo. O que está mudando, movendo-se, evoluindo.

f. Qual impacto mais amplo você está gerando agora? Talvez, ao ser brilhante, esteja se tornando um modelo para outras pessoas, ou talvez esteja definindo o tom de como os negócios podem ser conduzidos em toda a sua indústria.

É importante continuar repetindo este processo – é assim que adotamos um ciclo de aprendizado e crescimento permanentes. Com o tempo, muitas vezes de forma imperceptível, nossas crenças sobre nós mesmos mudam. À medida que isso acontece, nossos comportamentos também mudam.

Foi Sir Winston Churchill quem disse: "Melhorar é mudar. Ser perfeito é mudar com frequência".[75] Talvez nunca sejamos perfeitos, mas podemos acreditar que vale a pena tentar. Se mantivermos essa crença, estaremos preparados para aceitar que a maneira como fizemos as coisas no passado pode não ser o que nos levará ao sucesso futuro. Também estamos aceitando a premissa de que a mudança é boa. Quem sabe, talvez possamos nos tornar melhores do que jamais pensamos ser possível. Como disse Albert Einstein: "Só é fracasso se você parar de tentar".[76]

CAPÍTULO OITO

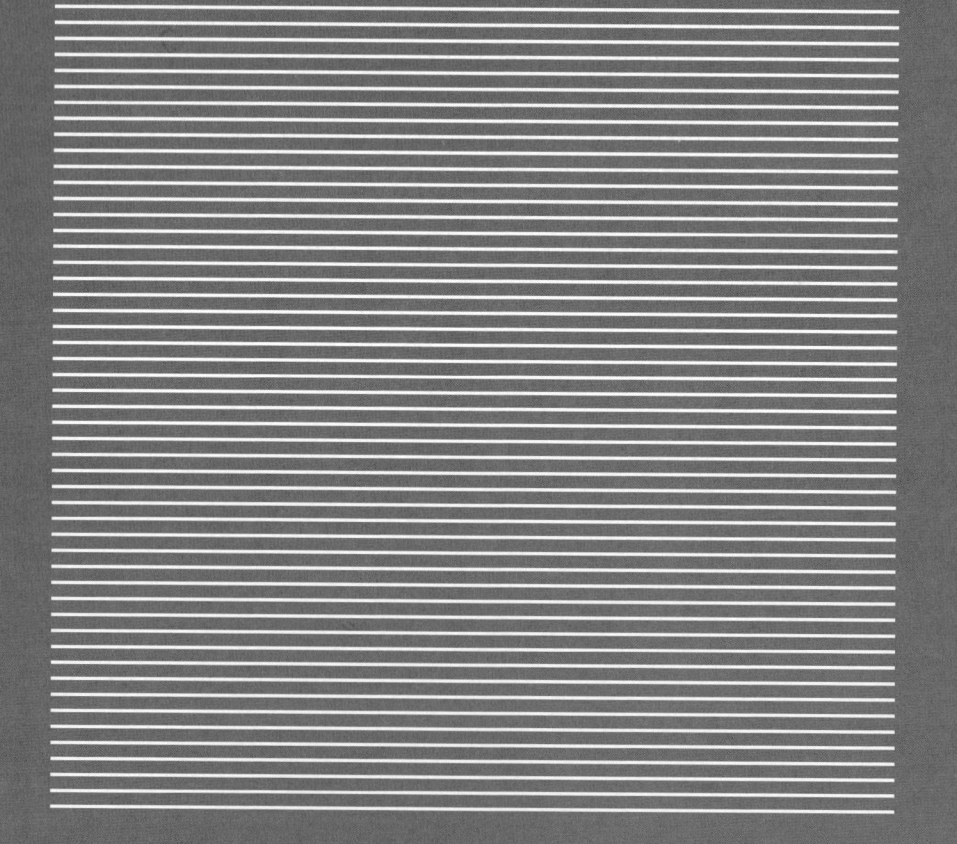

O CÓDIGO SECRETO: LIÇÕES SOBRE GESTÃO E LIDERANÇA

Nossa profissão de vendas tornou-se altamente habilidosa em desenvolver processos que apoiam sistemas de gestão de relacionamento com o cliente (CRM), processos de gestão de contas-chave, mapeamento estratégico de relacionamentos e planilhas das mais variadas cores. Muitos desses processos são excelentes; ferramentas indispensáveis para qualquer profissional que se preze. Também se tornou uma norma aceita que aqueles de nós que escolhem a venda como carreira sejam submetidos a treinamentos de desenvolvimento de habilidades de vendas – como prospectar, como fazer perguntas, como estruturar uma proposta e como demonstrar o valor que oferecemos. Novamente, tudo isso é adequado e necessário. Nenhum cliente deveria ser atendido por um vendedor que não esteja à altura do trabalho. Sob a perspectiva do líder de vendas, agora temos um terceiro elemento a considerar. Além do foco tradicional em processos e habilidades, hoje compreendemos de maneira mais detalhada como crenças enraizadas se manifestam em comportamentos. "Transformação de vendas" é um epíteto que hoje faz parte do léxico de gestão. Seria extremamente arriscado implementar qualquer mudança de processos ou habilidades sem antes entender que o código secreto existe e, em seguida, buscar comparar a força de vendas com os 5% que servem como modelo ideal. Não fazer isso seria como dirigir um carro vendado, direcionando-se cegamente a um destino que você nem sabe se existe e que não reconheceria, mesmo que conseguisse chegar inteiro! Os gerentes e líderes de vendas agora podem concentrar-se em seu papel, sabendo como são capazes de ter um grande impacto no sucesso de suas equipes e na experiência de seus clientes com a empresa. Três áreas a considerar são:

1. O que é o código secreto do vendedor? Por que e como isso pode ser importante e fazer diferença para mim e para minha equipe? (Nós começamos a responder a essa pergunta neste livro.)

2. Qual é a distância entre o equilíbrio individual de motivação da minha equipe e o equilíbrio ideal demonstrado pelos top 5%? (O teste psicométrico do código secreto do vendedor pode ajudar.)

3. À luz das percepções fornecidas pelo teste psicométrico, quais ajustes cada vendedor fará em suas crenças e seus comportamentos que terão o efeito de mudar a "direção da jornada" em que estão atualmente? Como posso influenciar isso e que tipo de ajuda posso precisar de stakeholders internos e líderes de pensamento externos?

O código secreto do vendedor é, portanto, uma fonte de percepções que explica, pela primeira vez, por que nada – nem uma marca forte, vantagem de produto, preços competitivos, treinamentos inspiradores, coaching transformador ou metodologias de vendas engenhosas – pode levar um vendedor à excelência se ele não acreditar em certas coisas sobre si mesmo, seus clientes ou vendas em geral. Qualquer gerente ou líder de vendas que esteja lendo este livro será capaz de citar exemplos de vendedores em sua empresa que são consistentemente bem-sucedidos; e, ao mesmo tempo, também poderão pensar em vendedores que estão vendendo o mesmo produto ou serviço, têm níveis de habilidade semelhantes, mas não parecem ter a mesma crença, seja em si mesmos ou em sua oferta. E, como acreditamos, tendemos a nos comportar. Apesar da mesma oportunidade, os resultados consequentes podem diferir muito.

Esse fenômeno não é peculiar às vendas. Ele é observado em muitos outros aspectos da condição humana. Enquanto os autores finalizavam o manuscrito deste livro, um exemplo esportivo destacava-se no mundo do futebol. Na temporada 2015–2016, o clube de futebol Leicester City desafiou as probabilidades de 5.000:1 e venceu o título da Premier League inglesa. Este era um clube que quase foi rebaixado na temporada anterior, mas conquistou o título da liga com 81 pontos, uma margem de dez pontos sobre o segundo colocado, o Arsenal. No entanto, apenas nove meses depois, o mesmo time encontrava-se na zona de rebaixamento, incapaz de marcar gols e rapidamente ficando sem saída. A porta para fora da Premier League começava a se abrir. Quando você estiver lendo isto, já saberá como terminou a temporada 2016–2017 do Leicester City (ou pode "procurar no Google"), mas a verdadeira questão aqui é a seguinte: diante de uma mudança tão catastrófica da sorte, será que os jogadores (e, de fato, o técnico) de repente se tornaram menos habilidosos em jogar futebol? Improvável. As regras do jogo mudaram? Não. Todos os outros clubes da liga melhoraram tanto na pré-temporada, que deixaram o Leicester City para trás? Talvez alguns, mas certamente não todos.

Talvez a verdade seja bem mais simples. Ninguém esperava muito do Leicester City na temporada de seu maior triunfo. Na temporada seguinte, no entanto, o peso das expectativas era enorme. Talvez os jogadores, libertos para serem melhores do que jamais imaginaram na grande temporada, tenham ficado com tanto medo de falhar, que isso os deixou paralisados na temporada seguinte. Talvez, em vez de capitalizar sobre a maneira como haviam conquistado seu destino esportivo em 2015-2016, o time tenha permitido que uma sequência de más atuações se tornasse uma profecia autorrealizável no ano seguinte. A normalidade voltara; talvez a vitória tenha sido apenas um caso isolado – e talvez os jogadores acreditassem nisso.

Nossas crenças sobre nós mesmos ajudam a definir quem somos. Quando nossas crenças são abaladas ou desafiadas, se forem mal pensadas ou mesmo ausentes, podemos vacilar. Vamos trazer isso de volta ao mundo das vendas. Lembramos um cliente cuja força de vendas estávamos treinando enquanto escrevíamos este livro. Um vendedor que chamaremos de Paul estava na última posição entre os 20% da tabela de classificação da empresa. Ele era afável, otimista, trabalhava longas horas e conhecia os detalhes dos produtos da empresa de trás para a frente. Fizemos gravações de suas conversas de vendas com clientes, e analistas as ouviram para identificar padrões no que ele fazia bem, no que habitualmente esquecia ou não tinha coragem de fazer, e onde suas habilidades eram inconsistentes (fortes em um dia, mas ausentes no seguinte).

Ao longo de vários meses de treinamento, o nível de habilidades de Paul começou a crescer, e seu ciclo de persona de vendas começou a mudar. Ele parou de entrar tão rápido nas informações sobre o produto. Aprendeu a deixar o cliente falar, a ouvir e a parafrasear. Começou a quantificar as necessidades do cliente em termos de risco e valor. Sua confiança aumentou e sua posição na tabela de classificação evoluiu. Durante o primeiro semestre do ano fiscal, ele dominou a primeira posição – aparentemente, uma virada de sucesso.

Então Paul perdeu sua avó. Ele ficou abalado e precisou tirar uma licença prolongada enquanto processava o luto. Quando retornou ao trabalho, vários meses depois, sua perspectiva havia mudado.

A perda e o medo agora o consumiam; ele afundou em um estado que drenava sua *resiliência* emocional e prejudicava sua *comunicação* com clientes e colegas. Comparadas à perda de um familiar, as preocupações no trabalho agora pareciam superficiais e sem importância. Ele começou a chegar atrasado às reuniões, ou simplesmente não comparecia, entrando em uma espiral de perda de *controle*. Qualquer capital político ou *influência* que conquistara durante sua ascensão anterior logo esfriou.

Paul tinha as habilidades necessárias para ser o melhor no mercado. Ele já havia provado isso. Os produtos de sua empresa, a geração de leads e a precificação não haviam mudado, e sua indústria até mesmo experimentava um crescimento modesto. Ele ainda contava com o apoio de um coach pessoal de vendas, treinadores de produto, um gestor atencioso e um departamento de RH comprometido, disposto a fazer o que fosse necessário para ajudá-lo a superar desafios. Mesmo assim, permanecia estagnado, apesar de ter alcançado a *realização* no início do ano. Ele tinha todos os motivos para ter sucesso, mas suas energias estavam esgotadas e seu sistema de crenças estava desarticulado.

Posteriormente, Paul conseguiu sair dessa queda, alinhou suas crenças ao que você leu como o código secreto do vendedor e agora está entre os 25% melhores de sua empresa. Sua história destaca o fato de que as crenças são importantes. Elas são a base sobre a qual tudo o mais é construído.

O que isso nos diz sobre o papel dos gestores e líderes de vendas no desbloqueio do código? Em primeiro lugar, o papel deles na criação de um ambiente propício para o sucesso de seus vendedores torna-se ainda mais evidente. Ao definir o código secreto, com base em nossas entrevistas com os melhores desempenhos, em nenhum momento algum vendedor fez comentários negativos sobre a cultura de gestão em que operavam. Cada top performer mencionou saber o que era esperado dele, como deveria se comportar, os processos que precisava seguir e os sistemas que estavam em vigor. Para eles, tudo isso era um pressuposto básico, um "fator de higiene". Há lições de melhores práticas aqui para gestores e líderes. Criar o ambiente mais propício ao sucesso dos seus vendedores está diretamente conectado a ajudar na formação das Crenças de Destino e na intensidade ideal dos Motivadores de Jornada. Vamos explorar isso agora:

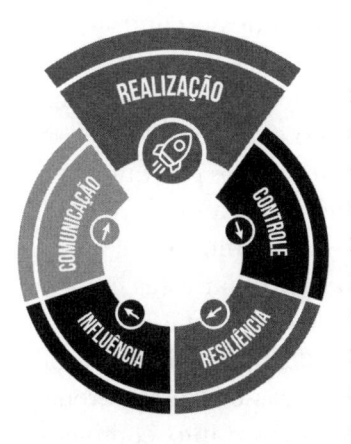

Pense na Crença de Destino de realização. Se um gerente cria um ambiente de comando e controle, de repreensão a cada vez que alguém sai da linha, ou de dar ordens em vez de fazer perguntas e interagir com a equipe, então temos o cenário perfeito para conduzir as pessoas a uma intensidade enviesada pelo medo de falhar. Sim, isso pode motivar as pessoas a atingirem suas metas de vendas, mas, como vimos com nossos vendedores de alto desempenho, elas deixarão de adotar os comportamentos que derivam da crença de que "posso ser melhor do que jamais imaginei". No final, isso pode se tornar autodestrutivo e, certamente, é um reflexo da mentalidade de curto prazo. É insustentável.

Desde que os valores e procedimentos corporativos sejam preservados, incentive a experimentação e a tomada de riscos. Mostre às pessoas que você acredita nelas. Não puna os erros, mas encoraje cada um como uma oportunidade de aprendizado para a equipe. *Não existe fracasso, apenas feedback.* Esta é uma crença, não uma verdade; mas, se os gerentes puderem agir como se fosse verdade, então ajudarão suas equipes ao longo daquele Motivador de Jornada de nunca terem medo de serem melhores do que jamais imaginaram.

"O sucesso sempre se deve a alguém ou algo." Esta é a Crença de Destino do controle. De forma clara, qualquer gerente ou líder de vendas que mereça seu salário buscará criar um ambiente e esperar comportamentos segundo os quais cada pessoa acredite que é responsável pelo próprio sucesso (herói). É claro que haverá momentos em que todos nós enfrentaremos situações de miséria, quando vamos querer culpar qualquer um e qualquer coisa pelo nosso estado atual, exceto a nós mesmos. Às vezes, eventos estão além do nosso controle, mas quando capacitamos nossas equipes a transformar preocupações e angústias em ações positivas e a reconhecer que, no final, a responsabilidade é delas, deixamos nossa marca como gerentes e líderes. Na sua próxima reunião de vendas, convide os membros da equipe a relembrar suas experiências positivas em vendas. Peça que expliquem quais desafios superaram, como fizeram isso e como foi a sensação de sucesso, para que possam lembrar e compartilhar essas emoções positivas. Ao fazer isso, lembre sua equipe de que estão focando o que podem controlar e influenciar. É fácil se deixar envolver por diálogos sobre fatores fora do nosso controle. Essas conversas drenam energia, são contagiosas e criam ressentimento; portanto, como líder, crie um conjunto de padrões acordados onde essas conversas não aconteçam. O poder de relembrar sucessos passados aumenta a probabilidade de sucessos futuros e reduz a probabilidade de as pessoas adotarem uma mentalidade de vítima.

Tire as pessoas de suas zonas de conforto convidando-as a liderar uma reunião de vendas ou conduzir uma revisão do pipeline. Delegue aos vendedores a tarefa de entrevistar clientes antigos, que pararam de comprar ou trocaram de fornecedor, para descobrir o motivo. Faça com que os membros mais experientes da equipe sejam mentores dos novatos. Use os recordes pessoais anteriores de cada um e desafie-os a superá-los. Ao realizar essas e outras atividades da "zona de desconforto", você transmite a mensagem de que sua expectativa é que existe uma solução para todo desafio ou problema que enfrentamos e que temos, dentro de nós, todos os recursos necessários para superá-los. *A ação dissipa o medo*. Essa é uma máxima gerencial que realmente pode ajudar as pessoas a se afastarem da mentalidade de vítima e adotarem a de herói.

Ao criar o clima ideal para que heróis prosperem, é essencial focar perspectivas positivas. Como líder, é importante manter sua equipe concentrada em diálogos positivos, mesmo que, às vezes, isso signifique deixar de lado uma visão equilibrada. O que deu certo na ligação? O que mais? O que mais? (Deixe de lado a pergunta "O que poderia ter sido melhor?".) Um exercício poderoso para um grupo de vendedores é pedir que escrevam sete coisas que conquistaram no dia anterior. Você perceberá que alguns acharão fácil, enquanto outros terão uma folha em branco. Nesse momento, você saberá com quem da equipe deve trabalhar para fortalecer seu senso de realização e, consequentemente, a capacidade de controlar o próprio destino.

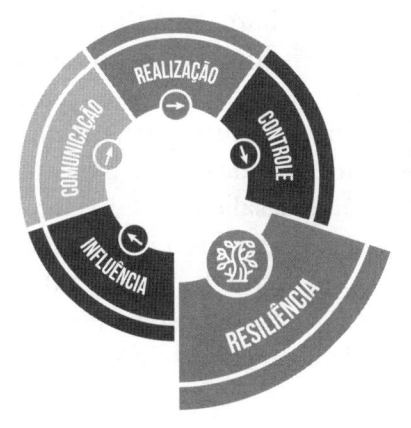

Como gerente e líder, você espera que sua equipe demonstre uma ética de trabalho sólida, que trabalhe duro para alcançar resultados positivos. No entanto, como vimos, os melhores vendedores também trabalham de forma inteligente. Se você ajudar sua equipe a se desenvolver, aprender e explorar os limites do que é possível, abrirá os olhos deles, ampliará suas perspectivas e os elevará a um nível mais alto do que talvez tenha sido estabelecido para você. Não se sinta desconfortável com o fato de que eles podem desenvolver habilidades que você não possui. Bons líderes cercam-se de pessoas melhores do que eles mesmos. Ao fazer isso, você criará um ambiente que incentiva o aprendizado e permite que o trabalho inteligente prospere. Você nunca terá o monopólio da sabedoria; e, quando os tempos difíceis chegarem, ao encorajar um ambiente onde ideias e criatividade sejam valorizadas, você e aqueles ao seu redor estarão mais bem preparados para se unir e navegar pelas águas turbulentas.

A única coisa da qual podemos ter certeza é que a volatilidade, a incerteza, a complexidade e a ambiguidade vieram para ficar. Nesse contexto, o papel do gerente e líder como alguém que exige comportamentos congruentes com um ambiente de trabalho árduo *e* inteligente é crucial. Exija "comportamentos ágeis" de sua equipe para equipá-los da melhor forma a fim de alcançar a Crença de Destino de resiliência, segundo a qual desafios e adversidades são simplesmente um fato da vida. Nosso estudo mostra que comportamentos inflexíveis, em que a única solução para os desafios é trabalhar mais, resultam em vendedores menos bem-sucedidos. Comportamentos ágeis incluem a capacidade de pedir feedback, aprender e reavaliar constantemente, operar com base em "regras práticas" em vez de insistir em rigidez, demonstrar inteligência emocional bem desenvolvida e focar pessoas e situações, em vez de confiar apenas em expertise ou processos.

Concluímos que o estresse pode ser tão debilitante quanto benéfico. Com certeza, o papel de um bom gerente e líder é estar próximo o suficiente de sua equipe para reconhecer quando o estresse ruim está dominando e intervir. Da mesma forma, garantir que a quantidade certa de "bom estresse" esteja presente significa que temos um ambiente de competitividade, de superação e desafio e de expectativas razoáveis. Em resumo, a questão aqui é: como estou inculcando mentalidades e comportamentos que encorajem minha equipe a demonstrar pensamento inovador e criativo, a gerenciar seu bem-estar pessoal e a apoiar os outros quando a resiliência é necessária?

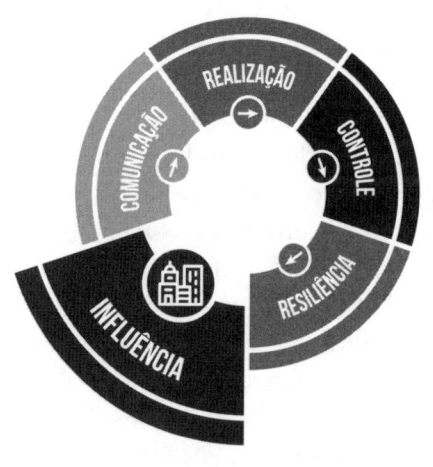

A Crença de Destino para influência é que pessoas bem-sucedidas são influentes. Como aprendemos, algumas pessoas preferem seguir um Motivador de Jornada focado em influência por meio da força, enquanto outras preferem adotar uma abordagem de influência por meio da flexibilidade. Como um gerente de vendas ou líder pode afetar o ambiente de maneira que ambos os Motivadores de Jornada sejam apoiados, mas que a direção do progresso ao equilíbrio ideal ganhe impulso? Uma solução é garantir a criação de uma cultura de confiança por meio de valores e motivações compartilhados. Diga o que você fará, e então faça o que disse. Seja consistente e justo na maneira como recompensas e eventuais repreensões necessárias são aplicadas. Ensine às pessoas quando devem se manter firmes, quando ceder e quando dizer "não". Apoie suas escolhas. Considere convidar a equipe de vendas para aderir a um código de valores acordado que promova um padrão comum para, entre outras coisas, integridade e honestidade entre si, com a organização e com os clientes.

Adote uma abordagem científica para a motivação, entendendo o que motiva cada membro de sua equipe e oferecendo a eles o impulso necessário para alcançá-lo. Eles podem desejar conhecimento, harmonia, conexões, um benefício social, poder, conquistas, realizações e, talvez, até dinheiro. Alguns vendedores se sentem motivados ao serem desafiados com uma meta alta que você não acredita que alcançarão. Eles podem atingi-la apenas para provar que você está errado. Releia o capítulo de abertura de *O código secreto do vendedor* e considere agora como você pode aproveitar as diferentes motivações das pessoas da sua equipe.

Importante: seja o modelo exato do comportamento que você espera dos seus vendedores. Isso significa dominar a arte de tudo, desde contar histórias, demonstrar curiosidade, até ouvir e desenvolver a própria resiliência pessoal. Este não é o momento para ser um gorila e um defensor do relâmpago. Servir de exemplo significa ser aquele guerrilheiro com uma voz que ecoa como trovão.

Todas essas ideias transmitem uma mensagem clara para a equipe. Eles observam e vivenciam situações em que você usa seu poder, seus "talentos de gorila". Eles também percebem os momentos em que você adota mentalidades e comportamentos que demonstram sua capacidade de gerenciar e liderar de forma situacional, com elegância e flexibilidade: esses são seus "talentos de guerrilheiro". Ao criar esse ambiente, você exigirá certos comportamentos que desenvolverão as capacidades da sua equipe. Quando eles acreditarem que têm o talento (e valorizarem o que ele pode fazer), estarão muito mais propensos a se tornarem o vendedor exemplar que você imagina.

"O significado da comunicação é o efeito que ela provoca, não a intenção ou desejo com que é enviada." Essa é outra crença. Se a considerarmos uma verdade, significa que, ao nos engajarmos com nossos clientes e percebermos que nossa mensagem não está sendo bem recebida, não insistimos em reforçá-la com ainda mais intensidade. Em vez disso, presumimos que precisamos melhorar a comunicação e nos engajar de forma diferente. Em resumo, paramos de tentar ser o raio que cai duas vezes no mesmo lugar e buscamos ser o trovão contínuo, que observamos tornar nossos melhores vendedores mais bem-sucedidos que os outros. A crença impulsiona o comportamento. É aqui que o ambiente criado pelos gerentes e líderes de vendas pode ter grande impacto. Apoie os Motivadores de Jornada de comunicação – espere que sua equipe saiba se comunicar como um relâmpago, conheça os produtos e serviços profundamente e consiga expor as diversas características e benefícios. Mas também espere que demonstrem os atributos de vendedores trovão – ouvindo, focando o cliente, oferecendo sem expectativas, entre outros. Esse é o ambiente, o clima, que você está promovendo para sua equipe?

A maioria, se não todos os gerentes, entende que deve criar uma cultura de vendas, delinear os comportamentos desejados e desenvolver as habilidades e talentos de sua equipe. O que este estudo mostrou é que os melhores gerentes agora alinham suas atividades no sentido de otimizar a intensidade de cada um dos Motivadores de Jornada; pois, ao fazer isso, lançam as bases para o sucesso de suas equipes. Desde a criação de um contexto para que as pessoas operem, os comportamentos esperados tornam-se claros. Por exemplo, quando há uma cultura de positividade e desafio, as pessoas entendem que se espera que elas ajam de maneiras que apoiem esse clima. As habilidades e os talentos que elas trazem são, então, alinhados aos comportamentos e ao ambiente.

Gerentes e líderes ajudarão suas equipes a desvendar o código secreto indo além. Ficou evidente que muitos dos vendedores de desempenho inferior no estudo *acreditavam* estar fazendo as coisas certas, pensando da maneira correta. A triste verdade é que vários desses vendedores de baixo desempenho são perfeitamente capazes de atuar no nível dos melhores, mas não o fazem porque não foram desafiados a refletir sobre suas crenças, recalibrá-las ou estabelecer, pela primeira vez, uma mentalidade que sabemos prepará-los para o sucesso. Gerentes que treinam suas equipes tornam-se, de repente, inestimáveis. As conversas que desvendam o código secreto têm menos a ver com indicadores atrasados – como número de ligações feitas na semana passada ou reuniões realizadas – e mais com indicadores avançados. "Conte-me sobre a pesquisa que você está fazendo a respeito do cliente antes da reunião." "O que você acredita que o cliente achará mais relevante em nossa oferta?" "Por que você pensa assim?" "De que maneiras você se esforçará para aprender algo novo na próxima semana?"

Agora, os vendedores estão sendo desafiados a operar além de comportamentos e habilidades. Eles estão sendo convidados a pensar sobre por que pode ser importante pesquisar um cliente, por que alinhar sua oferta às necessidades do cliente é tão fundamental e como adotar uma mentalidade que valorize a melhoria contínua. "O que é importante nisso?" e "Por que isso importa?" são duas questões que podem ser utilizadas para ajudar a identificar as crenças internas. Perguntas baseadas em ambiente, comportamento e habilidades são muito úteis; ajudam os gerentes a entender o que as pessoas fazem, onde fazem, como fazem e assim por diante. Mas as perguntas que visam compreender crenças internas são cruciais, pois é aqui que obtemos insights sobre *por que* as pessoas fazem o que fazem. Como conhecedores do código secreto para o sucesso em vendas no mais alto nível, agora você tem muitas perguntas que podem ser feitas no nível das crenças. Hoje, mais do que nunca, a necessidade de gerentes e líderes se engajarem totalmente com suas equipes e descobrirem o que e por que certas coisas são importantes para elas é evidente.

Uma coisa que fica clara com isso é que gerentes e líderes devem ser transparentes quanto às próprias crenças. Afinal, é bastante difícil orientar alguém a ajustar suas crenças para se alinhar com as melhores práticas se nosso sistema de crenças estiver desalinhado. Não se esqueça, portanto, de dedicar uma quantidade apropriada de tempo refletindo sobre como você se compara ao equilíbrio de intensidade dos Motivadores de Jornada dos melhores. Observe os próprios comportamentos, seu estilo de gestão e liderança. Eles estão alinhados a tudo o que discutimos? Eles apoiam a revelação do código secreto do vendedor ou o tornam mais inacessível? Em resumo, cuide da própria casa antes de consertar o telhado de alguém!

No final, o código secreto do vendedor ajudou a desvendar o verdadeiro sentido de propósito e identidade que os vendedores mais bem-sucedidos de nosso grupo de estudo têm. Nenhuma pessoa é idêntica à outra, mas o que é evidente é que os melhores desempenhos veem a si mesmos como pessoas que:

- Temem o fracasso, mas usam esse medo para se desafiar a ser a melhor verão de si mesmos.

- Não se preocupam com o que não podem controlar, mas, em vez disso, fazem as coisas acontecerem para benefício próprio e de seus clientes.

- Trabalham arduamente para superar tempos difíceis, mas estão sempre buscando gerenciar seu estresse e a energia despendida trabalhando de forma mais inteligente.
- Sabem que têm o poder de influenciar os outros e equilibram isso com uma abordagem flexível para atrair ainda mais.
- Compreendem intimamente sua oferta de produtos ou serviços e comunicam sua expertise de forma adequada por meio de um diálogo contínuo e dinâmico.

Essas declarações de identidade podem ter vindo de um estudo sobre as crenças de vendedores de sucesso, mas é possível aplicá-las a líderes que servem de modelo. Talvez aí resida outra verdade: os vendedores de alta performance também são líderes exemplares.

Neste livro, nos esforçamos para lançar luz sobre áreas que com frequência preferimos manter escondidas. Nossas crenças são coisas intensamente pessoais, mas este estudo buscou oferecer formas para que qualquer pessoa (seja ela vendedora ou não) adote um equilíbrio de crenças que observamos levar ao sucesso repetidas vezes. Para isso, alguns de nós necessariamente terão que abandonar padrões de pensamento anteriores. Para alguns isso pode ser mais difícil do que para outros. Há uma história apócrifa sobre um gerente que recebeu um recém-formado em sua equipe. Esse jovem, cheio de ambição, acreditava que já tinha tudo sob controle e que aquele cargo era apenas uma etapa temporária rumo ao topo. Apesar disso, ele repetia ao gerente que queria aprender e estava determinado a se beneficiar da experiência dos outros. Em várias ocasiões, o gerente tentou aconselhá-lo, mentorar e treinar o jovem ambicioso, mas, repetidas vezes, essas abordagens foram recebidas com resistência.

Um dia, o gerente decidiu que já era o suficiente. Quando se encontraram em seu escritório, perguntou ao recém-formado se ele gostaria de um copo d'água. Um copo foi colocado à frente do jovem, e o gerente começou a enchê-lo com uma garrafa de água. Porém, quando o copo se encheu até a borda, o gerente não parou, e a água começou a escorrer pelas laterais do copo e pelo tampo da mesa. Todos os papéis sobre a mesa, incluindo os do recém-formado, começaram a absorver a água, e grandes quantidades caíram no chão. O jovem ficou chocado e irritado, gritando: "Pare! Você está louco e está arruinando tudo, incluindo todo o meu trabalho!". Mas o gerente continuou derramando água até que a garrafa estivesse vazia. Apenas naquele momento, quando as últimas gotas deixaram a garrafa, o gerente falou: "Você me disse que queria água da minha garrafa. Mas, se você quiser coletar minha água, precisa manter seu copo vazio".

Podemos receber orientações e percepções apenas quando nossas mentes estão abertas à possibilidade de mudança. Quando nos recusamos a estar abertos, tratamos novos insights como inimigos que precisamos repelir. Se abraçarmos novas e infinitas possibilidades, se segurarmos um copo vazio, podemos permitir que novas realidades fluam para nossas vidas.

A mudança começa conosco. Descubra o que o código secreto significa para você e desfrute o desafio de encher os copos de sua equipe por meio dos insights adquiridos com nossos Icônicos e com as crenças dos 5% melhores vendedores. Como a icônica "casamenteira de pianos" Erica Feidner disse: "Eu não sei qual é o meu código secreto para o sucesso, mas agora que sei que foi codificado mal posso esperar para descobri-lo!".

APÊNDICE A

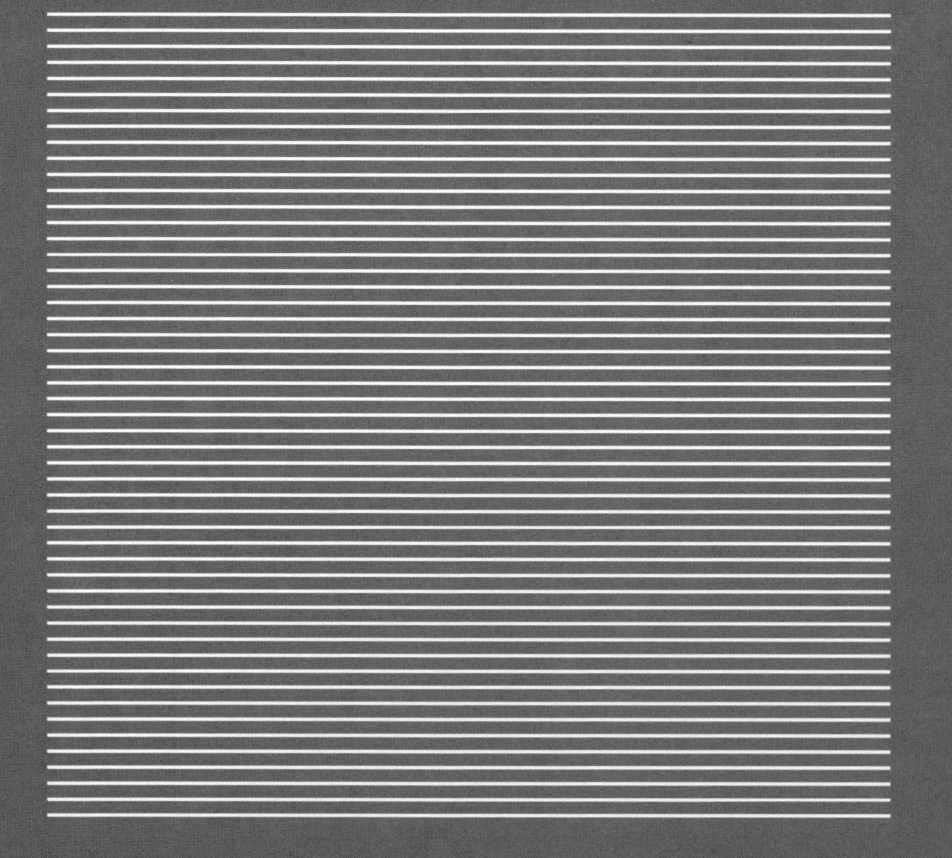

ALINHAMENTO ÀS SEIS ATITUDES

Nossa pesquisa original, em 2013, revelou uma série de fatores que motivavam quinhentos vendedores de baixo desempenho e quinhentos de alto desempenho. Sem uma ordem específica, esses fatores eram:

- Um desejo de aprender, descobrir e crescer.
- Um desejo de ganhar bem pelo esforço que despendem.
- Um desejo de vivenciar o bem-estar pessoal ou a autorrealização.
- Um desejo de fazer parte de algo com outras pessoas e ajudar os outros por meio do que fazem.
- Um desejo de ter controle sobre o próprio destino e desfrutar o reconhecimento por seu sucesso.
- Um desejo de entregar o melhor padrão possível e fazer as coisas do *jeito certo*.

Os psicometristas envolvidos logo indicaram que nossos dados revelavam uma notável congruência com as pesquisas de Eduard Spranger sobre valores e atitudes. Spranger (1882–1963) foi um filósofo e psicólogo alemão que publicou *Tipos de pessoas*, uma contribuição significativa para a teoria da personalidade, amplamente utilizada até hoje.[77]

Reconhecemos, portanto, a contínua contribuição de Spranger para o entendimento humano e desenvolvemos nosso trabalho com base em seu modelo. Nosso objetivo é agregar ao entendimento atual, em vez de criar um modelo por si só. Para nós, isso foi uma feliz coincidência.

Agrupamos as motivações em alinhamento com as Seis atitudes de Spranger (veja a Figura 10):
- Teórica
- Utilitária
- Estética
- Social
- Individualista
- Tradicional

TEÓRICA: Conhecimento, Compreensão, Descoberta, Teoria, Verdade, Educação, Intelecto, Falsidade, Fatos, Objetividade

UTILITÁRIA: Valor, Praticabilidade, Futuro, Tempo, Investimento, Bens, Dinheiro, Recompensa, Prosperidade, Retorno

ESTÉTICA: Beleza, Criatividade, Autoatualização, Harmonia, Equilíbrio, Simetria, Natureza, Sentimentos, Subjetivo, Graça

SOCIAL: Paz, Agradar aos outros, Generoso, Gentil, Prestativo, Pessoas, Empatia, Compreensivo, Altruísta, Dor

INDIVIDUALISTA: Controle, Competitivo, Conquistas, Direto, Rápido, Poder, Propósito, Posição, Resiliente

TRADICIONAL: Sistema, Convicção, Fatos, Padrões, Rígido, Significado, Segue princípios, Conservador, Inflexível, Divino

MATURIDADE

FIGURA 10

Seis atitudes (motivadores)

Vale a pena dedicar um momento para entender isso. As pessoas são multidimensionais. Na maioria das circunstâncias, uma pessoa seguirá, por padrão, um ou dois tipos de motivadores.

Vendedores com motivação **Teórica** dominante buscam o conhecimento pelo conhecimento. Eles conseguem processar vastas e diversas fontes de informação, identificar padrões rapidamente, e gostam de demonstrar sua capacidade intelectual. Contudo, essa amplitude de conhecimento pode levá-los a pular de ideia em ideia, de moda em moda, sem aprofundar muito. Sob pressão, seu apetite por "ter razão" pode se tornar obsessivo, a ponto de ignorarem questões práticas como segurança, reputação, honestidade, família ou restrições financeiras. Quando encarregados de transformar teoria em prática, preferem recomendar mais estudos. Caso sejam ainda mais pressionados, podem tentar prever todas as contingências e se preocupar excessivamente com o que *pode* dar errado. Não é incomum que esse tipo abandone o barco quando os colegas esperam que sejam tão teóricos quanto práticos.

Vendedores com motivação **Utilitária** dominante são capitalistas que buscam o que é útil ou prático. Focam em obter retorno sobre o investimento de seu tempo, atividade ou dinheiro, simplificando processos e indo direto ao ponto. Seu valor para os outros reside na criatividade em utilizar recursos para obter ganhos econômicos com o mínimo de desperdício. Eles realizam o trabalho por meio de outros, mas não costumam fazer muitos amigos – suas alianças duram apenas enquanto essas pessoas oferecem utilidade ao objetivo imediato. Sob pressão, podem se tornar *workaholics*, esperando que outros trabalhem tanto quanto eles até que as pressões diminuam e o objetivo seja alcançado. Se as dificuldades aumentarem ainda mais, seu foco utilitário talvez mude do bem-estar do grupo para a autopreservação, sem muita consideração pelos outros, ajustando friamente o que consideram necessário.

Vendedores com motivação **Estética** dominante buscam novas experiências e autoexpressão. Com frequência são não conformistas, procuram vivenciar novas coisas – quanto mais experimentam, mais evoluem e mais aguçada se torna sua intuição. Seu valor para os outros está em sua capacidade de compreender o panorama geral, identificar áreas de conflito, empatizar com as pessoas e trazer correções de curso criativas. Eles costumam procurar seminários ou experiências que ofereçam crescimento pessoal. Sob pressão (em um ambiente caótico ou contencioso), têm dificuldade em operar, ignoram os fatos e tomam decisões com base em como *acham* que as coisas deveriam ser em um mundo ideal, nem sempre como realmente são.

Vendedores com motivação **Social** dominante buscam eliminar conflitos. Focam em como as ações beneficiarão os outros e investem seu tempo em ajudá-los a alcançar seu potencial. Seu valor para os outros reside em altruísmo, generosidade na aplicação de seu tempo e talentos e em serem campeões que corrigem injustiças. Eles são mais orientados para as pessoas do que para os lucros e querem contribuir com uma missão que tenha significado. Sob pressão, podem intensificar o zelo para realizar a missão a qualquer custo, indo além do ponto em que outros desistiriam de uma causa perdida. Isso pode colocar pessoas e recursos em risco. Se outros resistirem, podem mudar de sociais para autoritários.

Vendedores com motivação **Individualista** dominante buscam se afirmar. Focam no avanço de posição e poder para si mesmos ou para sua empresa. Seu valor para os outros reside em sua capacidade maquiavélica de planejar as estratégias e táticas necessárias para a vitória. Eles tendem a buscar e rodear-se de bens materiais e acessórios que demonstram uma autoridade inflada, como relógios de marca, anéis, canetas, mesas, ternos, títulos e prêmios. Cultivam alianças que ajudam a avançar sua posição, mas são capazes de descartá-las facilmente quando não forem mais relevantes. Sob pressão (como uma ameaça real ou percebida ao seu poder e posição, a retirada de um incentivo prometido ou a falta de perspectivas de avanço), seu instinto de autopreservação pode superar outras considerações. No final das contas, o vendedor Individualista quer sucesso e reconhecimento por esse sucesso.

Vendedores com motivação **Tradicional** dominante querem entender seu significado ou papel no esquema das coisas e buscam estruturas para alcançar objetivos "da maneira certa". Aplicam o sistema em que acreditam às questões cotidianas e às decisões de negócios. Seu valor para os outros está na dedicação ao "sistema" – são consistentes ao fazer julgamentos de valor, trabalham "de acordo com as regras" e são dedicados e leais à cadeia de comando.

Também responsabilizam os outros pelos padrões que defendem, servindo como uma boa consciência para qualquer grupo. Porém, podem se apegar à tradição por muito tempo e nem sempre lidam bem com mudanças. Quando enfrentam pressão para mudar ou sistemas de crença opostos, tendem a ser fechados, permanecendo com o que conhecem, e podem até desobedecer a novas regras para preservar as antigas.

A seguir, a Figura 11 mostra por quanto tempo, em média, os seis motivadores impulsionavam o comportamento de vendedores de baixo desempenho e de alto desempenho.

VENDEDORES DE BAIXO DESEMPENHO		VENDEDORES DE ALTO DESEMPENHO
17,99%	TEÓRICA	18,29%
44,35%	UTILITÁRIA	22,85%
4,60%	ESTÉTICA	11,64%
12,13%	SOCIAL	15,05%
15,90%	INDIVIDUALISTA	20,14%
5,02%	TRADICIONAL	12,04%

FIGURA 11

Distribuição dos seis motivadores por vendedores de baixo e alto desempenho

O motivador mais comumente observado no grupo de menor desempenho (44,35%) é o Utilitário; trata-se de tempo gasto versus recompensa obtida, eficiência e o valor percebido derivado. O próximo motivador mais prevalente aparece em apenas 17,99% dos casos, quase dois terços menos frequente. Isso é notável porque os valores Utilitários refletem de perto o estereótipo unidimensional dos anos 1950 sobre vendedores percorrendo as ruas e pressionando compradores para fechar negócios. Isso pode ter funcionado no boom industrial pós-guerra, quando o produto era o rei, mas hoje, especialmente com uma geração millennial buscando papéis que ofereçam significado e propósito, esse tipo de motivação, quando exacerbado, parece gerar comportamentos de venda fracos e resultados insatisfatórios.

Durante o processo de pesquisa, nos perguntamos até que ponto ser motivado por tempo e dinheiro é um subproduto de gerentes fazendo perguntas táticas de revisão de pipeline, como: Quanto tempo de vendas você teve na semana passada? Quantas chamadas você realizou? Quantas estão planejadas para esta semana? Quanto dinheiro elas valem? Em que dia você as assinará? Descobrimos que, embora os gerentes continuarem a avaliar a profissão de vendas com base em indicadores atrasados não a ajude a evoluir, essa prática com certeza não afeta os motivadores principais das pessoas. Isso validou que o que estávamos encontrando eram motivações intrínsecas profundamente enraizadas, e não afetações extrínsecas ou ambientais.

O que se destaca nos resultados dos vendedores de alto desempenho é como os seis motivadores estão distribuídos de forma mais equilibrada. Claramente, eles haviam desenvolvido uma fluidez em como respondem a situações. Isso implica um grau de maestria emocional e maturidade no trabalho.

Tal percepção gerou mais perguntas do que respostas e, assim, em 2015, iniciamos a pesquisa que levou à descoberta do código secreto do vendedor.

OS DESVENDADORES DO CÓDIGO

IAN MILLS é sócio-gerente da Transform Performance International e coautor de *100 Big Ideas to Help You Succeed*.[78] Ele já foi vendedor e liderou organizações de vendas nos setores de bens de consumo de alto giro, financeiro e tecnológico. Desde 1999, Ian tem sido uma figura de destaque na construção de uma consultoria de melhoria de desempenho globalmente bem-sucedida, que já entregou soluções em mais de sessenta países. De Lima, no oeste, a Pequim, no leste, ele liderou projetos de mudança comportamental e transformação com corporações como Hewlett-Packard, Deloitte e American Express.

MARK RIDLEY é sócio fundador da Transform Performance International e uma força motriz por trás dessa bem-sucedida empresa com sede no Reino Unido. Coach motivacional e coautor de *100 Big Ideas to Help You Succeed*, ele atua há mais de 25 anos como estrategista, presidente e facilitador para marcas globais, casas de investimento e instituições acadêmicas, em sessenta países, inspirando liderança, desenvolvendo talentos em coaching, impulsionando vendas e transformando a maneira como as pessoas se comunicam. Ele facilita regularmente grandes conferências e eventos em todo o mundo e é um especialista reconhecido em liderança de vendas, inteligência emocional e excelência colaborativa.

DR. BEN LAKER é sócio da Transform Performance International e ingressou na empresa após uma carreira acadêmica e de pesquisa. Ele cofundou o Centro de Alta Performance e coordenou programas de MBA na Kingston Business School, no Reino Unido. Também atuou como professor visitante na Russian Presidential Academy of National Economy. Ben trabalhou com a Apple e a NASA, escreveu três artigos para a *Harvard Business Review* sobre liderança e foi destaque em publicações como *Forbes*, *The Economist*, *The Times*, *The Guardian*, *The Telegraph*, *The Independent* e no programa da BBC *Newsnight*.

TIM CHAPMAN é parceiro da Transform Performance International e professor de Economia Comportamental e Gestão de Vendas Internacionais na University of York. Ele tem mais de 25 anos de experiência em vendas B2B internacionais, atuando em diversas funções, desde vendas de linha de frente até cargos de alta gerência e excelência em vendas. Tim construiu uma consultoria de vendas e coaching de sucesso, a Sales EQ, que realiza projetos para uma variedade de empresas de grande e médio porte no Reino Unido, na Europa, no Canadá e nos Estados Unidos.

BIBLIOGRAFIA

REFERÊNCIAS

1.SMITH, William E. Disaster Screaming Like a Banshee. **Time Magazine**, 2001.

2.MARSTON, William Moulton. **As emoções das pessoas normais**. São Paulo: Success for You, 2016.

3.ALLEN, James. **Você é o que você pensa**. Título em domínio público.

4.ROSEN, Eliot; BURSTYN, Ellen. **Experiencing the Soul: Before Birth, During Life, After Death**. Londres: Hay House Inc., 1998.

5.MAYBERRY, Matt. The Extraordinary Power of Visualizing Success. **Entrepreneur Magazine**, 30 jan. 2015. Disponível em: https://www.entrepreneur.com/article/242373. Acesso em: 20 out. 2016.

6.WAITLEY, Denis. **Seeds of Greatness – The Ten Best-Kept Secrets of Total Success**. Nova York: Pocket Books, 2010.

7.FURR, Nathan. How Failure Taught Edison to Repeatedly Innovate. **Forbes**, 9 jun. 2011. Disponível em: https://www.forbes.com/sites/nathanfurr/2011/06/09/howfailure-taught-edison-to-repeatedly-innovate/3ab16eb865e9. Acesso em: 21 out. 2016.

8.CURTIS, Nick. Why Failing Upwards is the Best Way to Succeed. **The Telegraph**, 16 fev. 2016. Disponível em: http://www.

telegraph.co.uk/wellbeing/mood-and-mind/whyfailing-upwards-is--the-best-way-to-succeed. Acesso em: 22 out. 2016.

9.NIELSEN, Jennifer. Destaques da entrevista de Oprah com J.K. Rowling. **Jennielsen**, 4 out. 2010. Disponível em: http://www.jennielsen.com/archives/501. Acesso em: 13 maio 2017.

10.LINK, Henry Charles. **A nova psicologia de vendas e publicidade**. Whitefish: Literary Licensing, 1932.

11. HILL, Alex; MELLON, Liz; LAKER, Ben; GODDARD, Jules. O tipo de líder que pode transformar uma escola em declínio. **Harvard Business Review**, out. 2016. Disponível em: https://hbr.org/2016/10/the-one-type-of-leader-who-can-turnaround-a-failing-school. Acesso em: 21 out. 2017.

12. GALLO, Carmine. **TED: Falar, convencer, emocionar**. Tradução de Cristina Yamagami. São Paulo: Benvirá, 2014.

13. MASLOW, Abraham. **Uma Teoria da Motivação Humana**. Nova York: Start Publishing, 2012, p. 46.

14. MOLTKE, Helmuth Graf von. **Moltke sobre a Arte da Guerra: escritos selecionados**. Edição de Daniel J. Hughes, tradução de Harry Bell. Novato: Presidio Press, 1996.

15. BERARDINO, Mike. Mike Tyson explica uma de suas citações mais famosas. **Sun Sentinel**, 9 nov. 2012. Disponível em: http://articles.sun-sentinel.com/2012-11-09/sports/sfl-mike-tyson-explains-one-of-his-most-famous-quotes-20121109_1_mike-tyson-undisputed-truth-famous-quotes. Acesso em: 13 maio 2017.

16. FREUD, Sigmund. **O mal-estar na civilização**. Viena: Internationaler Psychoanalytischer Verlag, 1930. [Edição brasileira: São Paulo: Companhia das Letras, 2010.]

17. KENNEDY, David Daniel. **Feng Shui para Leigos**. 2ª ed. Hoboken: John Wiley & Sons, 2010.

18. BACH, Richard. **Fugindo da segurança: uma aventura do espírito**. Nova York: Delta, 1995.

19 POST STAFF REPORT. Por que perdedores têm delírios de grandeza. **New York Post**, 23 maio 2010.

20. DARWIN, Charles. **A descendência do homem: seleção em relação ao sexo**. Londres: John Murray Publishers, 1871.

21. KRUGER, Justin; DUNNING, David. Incompetentes e inconscientes disso: como dificuldades em reconhecer a própria incompetência levam a autoavaliações infladas. **Journal of Personality and Social Psychology**, v. 77, 1999.

22. ABRAHAMS, Marc. Those Who Can't, Don't Know It. **Harvard Business Review**, dez. 2005. Disponível em: https://hbr.org/2005/12/those-who-cant-dont-know-it. Acesso em: 24 out. 2016.

23. CONFÚCIO. **Os analectos de Confúcio**. Tradução de William Edward Soothill. Yokohama: Fukuin Printing Company, 1910, p. 168.

24. MASLOW, Abraham. Uma teoria da motivação humana. **Psychological Review**, v. 50, 1943, p. 370-396.

25. HOLMES, Oliver Wendell. **Obras poéticas completas de Oliver Wendell Holmes**. Boston: Houghton, Mifflin and Company, 1908.

26. MCGONIGAL, Kelly. **The Upside of Stress: Why Stress Is Good for You, and How to Get Good at It**. Londres: Penguin Random House, 2015. [Edição brasileira: São Paulo: Editora Sextante, 2016.]

27. "Engajamento é a pedra angular da produtividade dos funcionários." Pesquisa nacional do Instituto de Desempenho Humano, fev. 2010. Disponível em: https://fisher.osu.edu/supplements/10/7951/Engagement%20White%20Paper.pdf. Acesso em: 26 out. 2016.

28. DEVOL, Ross et al. **O peso econômico das doenças crônicas: traçando um novo caminho para salvar vidas e aumentar a produtividade e o crescimento econômico**. Santa Monica: Instituto Milken, 2007.

29. "Resumo 2015." Centro Nacional para a Prevenção de Doenças Crônicas e Promoção da Saúde (CDC). Disponível em: https://www.cdc.gov/chronicdisease/resources/publications/aag/pdf/2015/nccdphp-aag.pdf. Acesso em: 27 out. 2016.

30. "Citações e ditos de Napoleão Bonaparte." 95 Quotes, 22 jul. 2016. Disponível em: http://95quotes.com/index.php?/napoleon-bonaparte-quotes/853675.html. Acesso em: 2 nov. 2016.

31. INSTITUTO DE MEDICINA. "Compensação de TEPT e Serviço Militar." Conselho Nacional de Pesquisa, set. 2007. Disponível em: https://www.nap.edu/catalog/11870/ptsd-compensation-and-military-service. Acesso em: 28 out. 2016.

32. HERRING, Randy. Recuperação e Crescimento Muscular! **Bodybuilding**, 22 de julho de 2016. Disponível em: https://www.bodybuilding.com/content/recuperation-and-muscular-growth.html. Acesso em: 2 nov. 2016.

33. "Serviços para Funcionários e Aposentados." Instituto SAS. Disponível em: http://www.sas.com/corporate/sasfamily/extras/index.html#menus. Acesso em: 4 nov. 2016.

34. "Classificações da Fortune." Instituto SAS. Disponível em: http://www.sas.com/news/preleases/FortuneRanking09.html. Acesso em: 6 nov. 2016.

35. CORRE, Addam. 15 Grandes Citações Motivacionais de Henry Ford. **Life Daily**, 27 nov. 2014.

36. SCORSESE, Martin (Diretor). **O Lobo de Wall Street**. [Filme]. Estados Unidos: Paramount Pictures, 2013.

37. MILLER, Arthur. **A morte de um caixeiro-viajante**. São Paulo: Companhia das Letras, 2016.

38. CLAREY, Christopher. Hábitos Estranhos de Jogadores de Tênis Bem-Sucedidos. **The New York Times**, 21 de junho de 2008.

39. Idem.

40. LEFAVOR, Paul. **Manual de táticas de pequenas unidades das Forças Especiais do Exército dos EUA**. Fayetteville: Blacksmith Publishing, 2013.

41. LANG, Chris. Comentário em "Qual é a taxa média de conversão para uma campanha de telemarketing ativo?" **Quora**, 11 abr. 2011. Disponível em: https://www.quora.com/What-is-the-average-conversion-rate-for-an-outbound-telemarketing-campaign. Acesso em: 8 nov. 2016.

42. ELLIN, Abby. "Resiliência: a palavra-chave que pode levar sua carreira a novos patamares." **Johnson & Johnson**, 9 out. 2016. Disponível em: https://www.jnj.com/innovation/resilience-in-the-workplace-training-human-performance-institute. Acesso em: 12 nov. 2016.

43. SAPOLSKY, Robert M. **Por que as zebras não têm úlceras?** São Paulo: Editora Santarém, 2010.

44. RYALS, Lynette; DAVIES, Iain. Declaração de visão: você realmente sabe quem são seus melhores vendedores? **Harvard Business Review**, dez. 2010. Disponível em: https://hbr.org/2010/12/vision-statement-do-you-really-know-who-your-best-salespeople-are. Acesso em: 14 nov. 2016.

45. MINSKY, Laurence; QUESENBERRY, Keith A. Como as vendas B2B Podem se beneficiar da venda social. **Harvard Business Review**, 10 nov. 2016. Disponível em: https://hbr.org/2016/11/84-of-b2b-sales-start-with-a-referral-not-a-salesperson. Acesso em: 16 nov. 2016.

46. HOAR, Andy. Death of a (B2B) Salesman. **Forrester Research**, 13 abr. 2015. Disponível em: https://www.forrester.com/report/Death+Of+A+B2B+Salesman/-/ERES122288. Acesso em: 18 nov. 2016.

47. READ, Nicholas A. C.; BISTRITZ, Stephen J. **Vendendo para o alto escalão: o que todo executivo quer que você saiba sobre como vender com sucesso para a diretoria.** São Paulo: M. Books, 2011.

48. RACKHAM, Neil. Para aumentar as vendas, mude a forma como você vende. **Harvard Business Review**, 2014.

49. KEENAN, Jim; GIAMANCO, Barbara. **Mídias sociais e metas de vendas.** Denver; Atlanta: A Sales Guy Consulting and Social Centered Selling, 2013.

50. Idem.

51. HISAKA, Alex. 5 preferências dos compradores B2B que você deve conhecer. **LinkedIn Sales Blog**, 24 set. 2014. Disponível em: https://www.linkedin.com/pulse/5-b2b-buyer-preferences-know-alex-hisaka. Acesso em: 22 nov. 2016.

52. LEE, Kevan. As 29 regras mais comuns das mídias sociais: quais são reais? Quais podem ser quebradas? **Buffer**, 2 mar. 2015. Disponível em: https://blog.bufferapp.com/social-media-rules-etiquette. Acesso em: 24 nov. 2016.

53. HIBMA, Maggie. Guia do profissional de marketing para a etiqueta adequada nas mídias sociais. **Hubspot**, 6 maio 2013. Disponível em: https://blog.hubspot.com/marketing/marketers-guide-proper-social-media-etiquette#sm.00005pr9d2eb7f8sqsz2cm3jmun05. Acesso em: 28 nov. 2016.

54. PARKER, Jodi. Guia de etiqueta nas mídias sociais. **Tollfreeforwarding**, 18 jul. 2014. Disponível em: https://tollfreeforwarding.com/blog/social-media-etiquette-guide. Acesso em: 29 nov. 2016.

55. RADICE, Rebekah. 10 regras de ouro para um marketing de mídia social bem-sucedido. **Rebekah Radice**, 25 nov. 2014. Disponível em: https://rebekahradice.com/golden-rules-successful-social-media-marketing. Acesso em: 2 dez. 2016.

56. BROGAN, Chris. Um guia interno para a etiqueta nas mídias sociais. **Owner Media Group**, 24 fev. 2011. Disponível em: http://chrisbrogan.com/socialmediaetiquette. Acesso em: 5 dez. 2016.

57. BALINAS, Travis. Etiqueta de mídia social para negócios. **Outbound Engine**, 23 set. 2015. Disponível em: http://chrisbrogan.com/socialmediaetiquette. Acesso em: 7 dez. 2016.

58. JONES, D. G. Brian; TADAJEWSKI, Mark (Orgs.). **The Routledge Companion to Marketing History.** Abingdon: Routledge, 2016.

59. BARNETT, Laura. Morte de um vendedor: o fim das vendas porta a porta da Britannica. **The Guardian**, 14 mar. 2012. Disponível em: https://www.theguardian.com/media/shortcuts/2012/mar/14/britannica-death-salesmen-door. Acesso em: 9 dez. 2016.

60. GORRY, Paula. A jornada da venda direta. **Sales Initiative**, 30 nov. 2015. Disponível em: http://www.sales-initiative.com/toolbox/selling/the-journey-of-direct-selling. Acesso em: 12 dez. 2016.

61. SAVAGE, Katt. Isso realmente é um saco: a história de um vendedor da Kirby Vacuum. **Schizophasic**, 10 maio 2012. Disponível em: http://schizophasic.blogspot.co.uk/2012/05/itreallysucks-kirby-vacuum.html. Acesso em: 16 dez. 2016.

62. BERNARD, Rebekah. Você pode fingir empatia até que ela se torne real? **KevinMD.com**, 13 set. 2015. Disponível em: http://www.kevinmd.com/blog/2015/09/can-you-fake-empathy-until-it-becomes-real.html. Acesso em: 2 jan. 2017.

63. GOH, Anthony; SULLIVAN, Matthew. O conceito de negócios mais mal compreendido na China. **Business Insider**, 24 fev. 2011. Disponível em: http://www.businessinsider.com/the-most-misunderstood-business-concept-in-china-2011-2?IR=T. Acesso em: 5 jan. 2017.

64. CIALDINI, Robert. **As armas da persuasão: como influenciar e não se deixar influenciar**. Rio de Janeiro: Sextante, 2012.

65. ARISTÓTELES. **Sobre a retórica.** Tradução de George A. Kennedy. Oxford: Oxford University Press, 2011.

66. O'NEAL, Sean. Cold Calling Analysis: How Many "No's" to Get a "Yes"? **Vendere Partners**, 11 ago. 2011. Disponível em: http://info.venderepartners.com/bid/66537/Cold-Calling-Analysis-How-Many-No-s-to-Get-a-Yes. Acesso em: 7 jan. 2017.

67. NASA. Relâmpagos realmente atingem mais de uma vez. **NASA**, 2003. Disponível em: https://www.nasa.gov/centers/goddard/news/topstory/2003/0107lightning.html. Acesso em: 8 jan. 2017.

68. MILLER, Jeremy. Regra dos 3%: envolva os clientes antes que precisem dos seus serviços. **Sticky Branding**, 5 maio 2015. Disponível em: https://stickybranding.com/3-rule-engage-customers-before-they-need-your-services. Acesso em: 10 jan. 2017.

69. GSCHWANDTNER, Gerhard. Você corre o risco de ser substituído pela tecnologia? **Selling Power**, 3 ago. 2010. Disponível em: http://blog.sellingpower.com/gg/2010/08/are-you-at-risk-of-being-replaced-by-technology-.html. Acesso em: 12 jan. 2017.

70. DAVIE, Christopher et al. Três tendências nas vendas business-to-business. **McKinsey & Company**, maio 2010. Disponível em:

http://www.mckinsey.com/business-functions/marketing-and-sales/our-insights/three-trends-in-business-to-business-sales. Acesso em: 15 jan. 2017.

71. ROSEN, Keith. Ouvinte eficaz: não se trata de você. **Profit Builders**. Disponível em: http://www.profitbuilders.com/articles/communication/skills-to-becoming-the-most-effective-listener.php. Acesso em: 18 jan. 2017.

72. SCUDDER, S. F. Sistemas sociológicos. **Communication Theory**, 15 jan. 2016. Disponível em: http://www.opentextbooks.org.hk/ditatopic/14729. Acesso em: 19 maio 2017.

73. DILTS, Robert; DELOZIER, Judith. **PNL II – A próxima geração: enriquecendo o estudo da estrutura da experiência subjetiva.** Capitola: Meta Publications, 2010.

74. KNIGHT, Sue. **PNL no trabalho: a essência da excelência.** Londres: Nicholas Brealey Publishing, 2009.

75. CHURCHILL, Winston. **Jamais ceder: os melhores discursos de Winston Churchill.** São Paulo: Editora Novo Século, 2010.

76. GOODREADS. **Uma citação de Albert Einstein.** 28 nov. 2016. Disponível em: https://www.goodreads.com/quotes/118182-you-never-fail-until-you-stop-trying. Acesso em: 18 jan. 2017.

77. SPRANGER, Eduard. **Tipos de pessoas.** São Paulo: Success For You Editora, 2015.

78. MILLS, Ian; RIDLEY, Mark. **100 grandes ideias para ajudá-lo a ter sucesso.** Londres: LID Publishing, 2013.

©2025, Pri Primavera Editorial Ltda. | Great People Books

Equipe editorial: Lu Magalhães, Larissa Caldin e Sofia Camargo
Tradução: Mabi Costa
Preparação: Fernanda Guerreiro Antunes
Revisão de texto: Marina Montrezol
Projeto Gráfico e Diagramação: Lucas Saade
Capa: Casa Rex

Dados Internacionais de Catalogação na Publicação (CIP)
Angelica Ilacqua CRB-8/7057

O código secreto do vendedor / Ian Mills...[et al]. -- São Paulo : Primavera Editorial, 2025.
   492 p.

ISBN 978-85-5578-173-5

1. Vendas 2. Vendedores I. Mills, Ian

25-3044   CDD   658.81

Índices para catálogo sistemático:
1. Vendas

GREAT PEOPLE
Books

Av. Queiroz Filho, 1560 – Torre Gaivota Sl. 109
05319-000 – São Paulo – SP
Telefone: + 55 (11) 3034-3925
 + 55 (11) 99197-3552
www.greatpeoplebooks.com.br
contato@primaveraeditorial.com